Ravensburger Freizeit-Taschenbücher
Band 229

Eva-Maria Leszner

Handarbeiten mit Phantasie

Otto Maier Verlag Ravensburg

Originalausgabe

Reinzeichnungen: Manon Dietze, Carola Förg, Karin Tak
Fotos: E.M. und D. Leszner
Umschlaggestaltung: Werner Fichtner, Stuttgart
Satz: Fotosatz Ruderer, Grünkraut
Druck und Verarbeitung: Ebner Ulm
Printed in Germany

90 89 88 87 86 5 4 3 2 1

ISBN 3-473-43229-6

Inhaltsverzeichnis

Einführung

Das Interesse an eigenen Handarbeiten wächst ständig. Daß es – besonders beim Knüpfen – meist die aufgedruckten Vorlagen mit bereits auf Länge geschnittenen Fäden sind, die gekauft werden, liegt wohl daran, daß die meisten Menschen nicht wissen, daß sie sich selbst gleich schöne oder sogar schönere Muster ausdenken können. Dabei ist es ganz leicht. Muster entwerfen ist wie ein Spiel, und früher als Kinder konnten wir doch alle spielen. Der Entwurf beginnt mit kleinen Papierquadraten. Mit diesen bildet man Sterne und Borten, Ornamente und figürliche Motive, die schließlich zu ganzen Bildgeschichten oder Flächenornamenten, kurzum zu richtigen Handarbeitsmustern zusammengesetzt werden.

An alten Handarbeiten bewundern wir den Fleiß und die Ausdauer, mit denen sie gefertigt worden sind, vor allem aber ihren Formenreichtum und die Farbenfreudigkeit. Vergleicht man einzelne Arbeiten miteinander, fällt auf, daß trotz der vielen verschiedenen Formen bestimmte Motive und Muster immer wiederkehren. Bei genauer Betrachtung erkennt man, daß sie doch nicht ganz identisch sind: Hier wurde etwas hinzugefügt, dort etwas

weggelassen. Manchmal wohl, weil die Aufteilung der Gesamtfläche oder das Zusammenspiel mit anderen Motiven es so erforderlich machte. Häufig aber – und dies kann man an den Arbeiten noch heute erkennen –, weil es der Entwerferin einfach Freude gemacht hat, ihre Phantasie spielen zu lassen. Handarbeiten ist heute, wenn man die aufgewendete Zeit in Stundenlohn umrechnet, viel teurer als etwas Fertiges zu kaufen. Wenn wir es trotzdem tun, so doch darum, weil das Sticken, Häkeln, Stricken oder Knüpfen selbst Spaß macht, weil wir Freude an der fertigen Arbeit haben und vielleicht doch auch ein bißchen Stolz über das schöne Ergebnis empfinden. Je mehr wir die Phantasie spielen lassen, je mehr eigene Ideen und Gedanken in ein Motiv und in ein Muster einfließen, desto größer sind Freude und Stolz.
Es gibt einige Spielregeln beim Entwerfen, Regeln über Symmetrie und Raumaufteilung sowie über Farb- und Materialwahl, die man lernen kann.
Diese Regeln kann man mit den Regeln der Schrift vergleichen. Alle mußten wir einmal das Aneinanderreihen von Buchstaben zu Wörtern erlernen. Die Handschriften, die sich daraus entwikkelten, sind so verschieden wie die Menschen selbst. Die Motive und Muster, die in diesem Buch die Vielfalt der Möglichkeiten und die Spielregeln erläutern, tragen meine Handschrift. Es wäre schön, wenn diejenigen, die sich mit diesem Buch beschäftigen oder, besser gesagt, damit spielen, aus den gegebenen Anregungen ihre eigene Handschrift entwickeln würden.

Die Arbeitstechniken

Einen Entwurf kann man immer nur im Hinblick auf eine fertige Arbeit machen. Die Skizze für ein Ölgemälde wird immer anders sein als die für ein Aquarell oder eine Plastik. Genauso ist es beim Handarbeiten: Entwürfe für Schattenstickerei oder Klöppelspitze müssen anders aufgebaut werden als die für Knüpfteppiche oder Webarbeiten. Für Schattenstickerei muß der Entwurf zum Beispiel fein, für Plattstich kräftig gezeichnet bzw. skizziert werden.

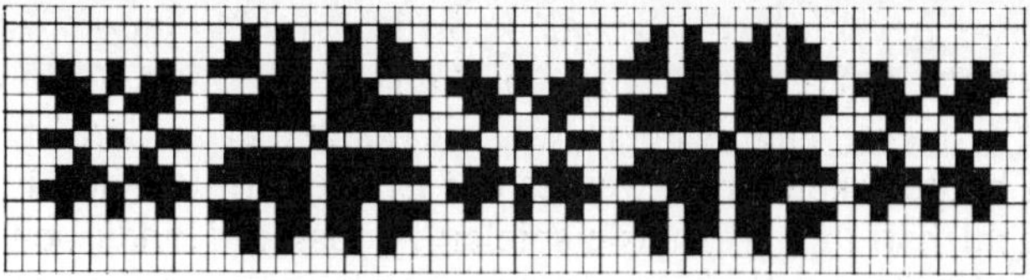

Wiederum andere Voraussetzungen haben Entwürfe für die in diesem Buch entwickelten Handarbeiten.
Es gibt leider sehr viele Vorlagen, die auf die Arbeitstechnik keine Rücksicht nehmen. Die „betenden Hände“ von Dürer sind zum Beispiel eine Radierung und als Vorlage für Gobelins oder Knüpfbilder nicht geeignet. Die feine Strichführung des Originals muß bei der Umsetzung in Stiche oder Knoten hoffnungslos verlorengehen.
Mit dem in diesem Buch dargestellten Entwurfsspiel lassen sich aus kleinen Papierquadraten Muster entwickeln für Kreuzstichstickereien, Gobelinstickereien, Knüpfarbeiten, Stricken, Filethäkeln. Bevor wir mit dem Entwerfen beginnen, sollten wir uns zu diesen Arbeitstechniken folgendes ins Gedächtnis rufen:

Kreuzsticharbeiten

Man kann sie auf jedem Stoff mit Leinenbindung – d.h. mit

gleichmäßigen Fadenkreuzen - sticken*. Für Tischwäsche eignet sich Halbleinen, für Borten oder Ornamente auf Blusen oder Röcken gröbere Baumwolle oder Nessel. Wandbilder sticke ich persönlich auf Leinen oder Siebleinen. Für großflächige Wandbehänge eignet sich aber auch Rupfen, der mit Wolle bestickt wird. Muster können einfarbig oder je nach Geschmack und Verwendungszweck auch bunt gestickt werden; wichtig ist jedoch, daß der Stickgrund selbst nicht nur als Hintergrund eines Musters, sondern auch als Teil des Musters in den Entwurf einbezogen wird.

**Gestickt wird in regelmäßigen waagerechten Reihen von links nach rechts. Die Nadel sticht immer senkrecht. Man beginnt in der linken unteren Ecke der zu bestikkenden Reihe, führt den Faden schräg über 2, 3 oder 4 senkrechte Fäden zur rechten oberen Ecke des gewünschten Fadenquadrats und wiederholt diesen Stich (1/2 Kreuz), bis man die vorgeplante Reihenlänge erreicht hat. Dann stickt man zurück von rechts nach links zum Ausgangspunkt.*

Gobelin- und Perlenstickerei

Im Gegensatz zur Kreuzstichstickerei, gibt es beim Gobelin- und Perlensticken keinen sichtbaren Untergrund; der Stramin wird vollständig mit halben Kreuzen bzw. mit Perlen bedeckt.

Knüpfen

Wie bei der Gobelinstickerei sind das Straminnetz bzw., bei der klassischen Arbeitstechnik, die Kett- und Schußfäden auf der Vorderseite einer fertigen Knüpfarbeit nicht sichtbar. Das Muster entsteht allein durch die verschiedenen Farben des Knotens*.

**Auf dem Markt werden mehrere Straminründe und Nadelformen für den Knoten angeboten. Klassisch richtig wird auf dem senkrecht stehenden Knüpfstuhl, einem Webrahmen vergleichbar, geknüpft. Der in Europa übliche Smyrnaknoten wird über 2 Kettfäden geknüpft. Nach jeder Reihe müssen 2 Grundschüsse in Leinenbindung zur Festigung der geknüpften Knoten gewebt werden. Nach Fertigstellung der gesamten Arbeit werden die Fäden auf gleiche Länge geschnitten.*

In den Museen können wir Seiden- und Ziegenhaarteppiche mit feinen Farbschattierungen und Mustern bewundern. Beim Entwurf eigener Muster müssen wir jedoch bedenken, daß wir unsere Muster nicht so zart und nuanciert gestalten können; denn bei diesen frühen chinesischen und persischen Handarbeiten sind bis zu 50 Knoten auf einem Quadratzentimeter geknüpft worden, bei den weniger wertvollen Smyrnateppichen aus der Türkei immerhin noch 12 Knoten. Beim Knüpfen auf Stramin und den bei uns gebräuchlichen Knüpfstühlen und mit der im Handel üblichen Wolle sind jedoch nur 1–4 Knoten pro Quadratzentimeter möglich. Je geringer aber die Zahl der Knoten pro Quadratzentimeter ist, desto mehr verschwimmt das Muster und desto großflächiger muß es angelegt sein.

Filethäkeln

Filethäkelarbeiten sind selbst mit sehr feinem Garn immer kräftig, bäuerlich. Filigrane Muster wie bei Häkelspitzen kann man mit dieser Technik nicht erzielen. Schön - vor allem um die Jahrhundertwende sehr beliebt - ist Filethäkelei für Gardinen oder Scheibengardinen für Schränke. Da die Arbeiten zwar transparent, aber nicht richtig durchsichtig sind, werden sie nur glatt - d. h. nicht gekräuselt - aufgehängt.

Eine Filetarbeit, bei der ein Netz von Luftmaschen den Hintergrund bildet, in den die Muster durch Stäbchen eingefügt werden*, wirkt um so transparenter, je geringer der Musteranteil ist. Wie fast alle Häkelarbeiten werden auch die Filetarbeiten einfarbig ausgeführt. Bei Gardinen oder Fensterbildern in Weiß oder hellem Beige bildet das Licht einen schönen Kontrast. Decken oder Bettdecken erhalten eine lebendige Farbigkeit, wenn sie mit Satin in einer Kontrastfarbe abgefüttert werden.

**Für ein Netzquadrat – den offenen Gittergrund – häkelt man abwechselnd eine oder zwei Luftmaschen und ein Stäbchen oder – wenn das Netz grobmaschiger werden soll – 3 Luftmaschen und 1 Doppelstäbchen. Die Höhe der Stäbchen muß man so wählen, daß jeweils ein Quadrat entsteht. Für das Muster – den gefüllten Gittergrund – häkelt man anstelle der Luftmaschen nur Stäbchen bzw. Doppelstäbchen.*

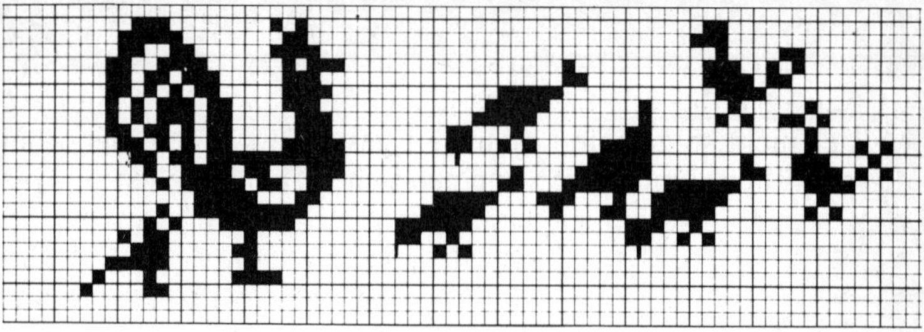

Stricken

Farbige Muster für Pullover, Handschuhe oder Strümpfe können ebenfalls in der hier beschriebenen Spieltechnik entworfen werden. Es sind Muster für zwei- oder mehrfarbige Arbeiten, die glatt gestrickt werden.
Da wir beim Stricken den zweiten, andersfarbigen Faden immer mitführen, eignen sich zum Stricken am besten solche Muster, bei denen die Abstände zwischen dem Gebrauch der ersten und zweiten Farbe in den einzelnen Reihen nicht zu groß sind. Werden die Abstände größer als 5 Maschen, müssen die Fäden auf der Rückseite der Arbeit gehalten werden.

Motive und Muster

Das Schöne beim Musterentwerfen ist, daß man klein anfangen kann. Ein Muster setzt sich aus einer Vielzahl von einzelnen Motiven zusammen. Motive sind kleine Ornamente, Sterne oder Ranken, einzelne figürliche Darstellungen wie Bäume, Tiere, Vögel, Häuser oder Menschen sowie Buchstaben und Zahlen. Durch Aneinanderreihen von gleichen oder verschiedenen ornamentalen oder figürlichen Motiven erhalten wir Borten, durch dichtes Aneinanderfügen in allen Richtungen Flächenmuster. Auf Wand- und Fensterbildern sowie auf Teppichen können wir aber auch durch Zueinanderfügen figuraler Motive richtige Geschichten erzählen. Hier stehen dann die einzelnen Motive

(z. B. Menschen, Tiere, Bäume oder Häuser) allein oder in Gruppen auf dem Hintergrund.
Aus Buchstaben können Monogramme, Wörter, Spruchbänder und Spruchbilder entstehen. Eine Fülle von Möglichkeiten!
Der größte Teil der in diesem Buch abgebildeten Entwurfstafeln zeigt einzelne Motive in einigen der zahlreich möglichen Abwandlungen. Mit dem Einzelmotiv fängt alles an. Für den späteren Musterentwurf kann man nie genug Motive haben. Und erst, wenn man eine Fülle von verschiedenen Motiven erfunden und gesammelt hat, kann man mit dem Zusammenstellen von ganzen Mustern beginnen.
Wie fertige Arbeiten aussehen können, zeigen die Abbildungen; wieviel Spaß es macht, die Muster dafür auch entworfen zu haben, kann man nur selbst erleben. Beschäftigen wir uns also nun mit der Frage: Wie entwerfe ich ein Muster?

Decke, Kreuzstich auf Siebleinen, Blau auf Weiß, E. M. L., 28 x 50 cm

Ostpreußischer Uhren-Knüpfteppich, Smyrnawolle, 9 Knoten auf 1 cm²
Privatbesitz 151 x 90 cm

Knüpfteppich, Smyrnawolle, 4 Knoten auf 1 cm^2;
nach ostpreußischen Motiven
Privatbesitz, geknüpft von H. Nolde, Wuppertal, 184 x 98 cm

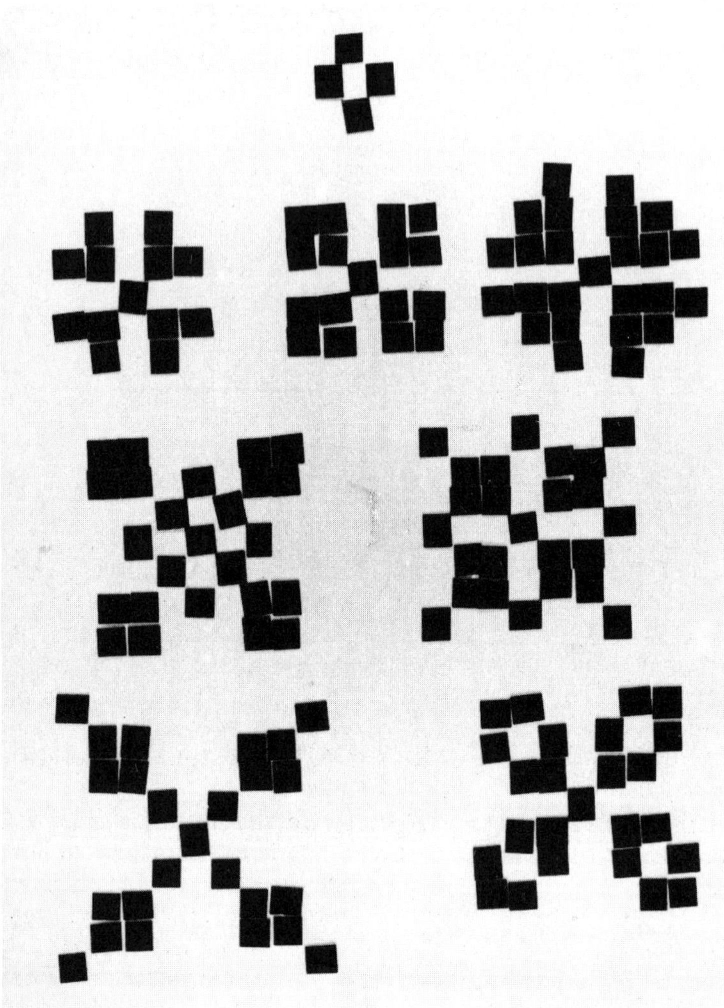

Der Motiventwurf

Die Puzzlemethode

Man kann ein Muster natürlich so entwerfen, daß man ein großes leeres Blatt Karopapier nimmt, sich ein Motiv ausdenkt, es in die Mitte zeichnet und dann von da aus zu den Rändern hin das Muster vervollständigt. Ich würde sagen: ein ziemlich hoffnungsloses Unterfangen. Denn wenn es Ihnen so geht wie den meisten Menschen, dann haben Sie einen gewissen Respekt vor dem leeren Blatt Papier und dem Zeichenstift - und dann noch in der Mitte anfangen?...
Es gibt eine viel schönere Methode: Wir schneiden aus einem Bogen festen bunten Papiers kleine Quadrate mit ca. $1/2$ cm Seitenlänge - so um die 100 sollten es sein. Aus diesen Quadraten legen wir unsere Motive, nun können wir sie so lange hin- und herschieben, bis sie uns gefallen, erst dann wird gezeichnet.
Wie auf der nebenstehenden Seite abgebildet, fangen wir mit einem ganz einfachen Stern aus 5 Quadraten an. Durch Anlegen von jeweils 2 neuen Quadraten an dic Ecken vergrößern wir den Ausgangsstern. In der nächsten Abbildung sind die offenen Ecken des Sternes geschlossen, das Bild gleicht jetzt mehr einem

Viereck als einem Stern. Er strahlt erst wieder, wenn 8 weitere Quadrate ihn erneut an den Ecken öffnen. Insgesamt haben wir jetzt 25 Quadrate benutzt und damit ein Muster entwickelt, das 7 x 7 = 49 Stiche, Maschen oder Knoten umfaßt. Allein durch Verschieben von nur einigen der Papierquadrate können wir aus unserem Ausgangsmotiv neue Sterne mit völlig anderer Wirkung bilden. Bei den weiteren 4 hier abgebildeten Sternen ist nichts anderes geschehen, als daß die Quadrate verschoben worden sind (ich nehme zum Schieben der Quadrate einen Stift, mit den Fingern verrutscht zu viel).
Schauen wir uns die sechs unteren Sterne noch einmal an: Der sechste wirkt wesentlich heller, leichter als die fünf anderen. Die Sterne eins bis drei überdecken 7 x 7 = 49 Karos. Das Verhältnis von Untergrund zu Motiv ist damit 24 : 25, also fast 1 : 1. Die Sterne wirken ausgewogen und geschlossen. Beim sechsten Stern überdeckt das Muster 9 x 9 = 81 Karos. Das Verhältnis von Karountergrund zu Motiv ist 66 : 25, also etwa 3 : 1. In der Regel ist es besser, wenn das einzelne Ornament in sich ausgewogen ist, wenn das Verhältnis von Untergrund zu Motiv in etwa gleich ist. Dies gilt auch dann, wenn man mit einem Muster einen leichten, luftigen Gesamteindruck erzielen will.
Spielen Sie jetzt selbst so lange mit den 25 Quadraten, bis Sie „Ihren Stern“ gefunden haben. Es gibt nur eins, was die Spielre-

geln verbieten: Die Quadrate dürfen nie schräg, über Eck - als Rhombus - gelegt werden; sie müssen immer waagerecht und senkrecht zueinander stehen. Das ist einleuchtend, denn bei der späteren Ausführung der Entwürfe wird ja immer in geraden - waagerechten - Reihen gearbeitet. Erst jetzt, wenn wir durch ständiges Verschieben der Quadrate einen wirklich schönen Stern gefunden haben, halten wir ihn auf Papier fest. Wir zeichnen mit weichem Bleistift auf Patronenpapier*. Die Kästchen sollten auf der Zeichnung immer voll ausgefüllt werden, denn nur dann entspricht die optische Wirkung der Zeichnung der späteren Handarbeit. Das kann man auf den obenstehenden Abbildungen gut erkennen. Die nur mit Kreuzchen ausgefüllte Zeichnung läßt das Muster viel leichter erscheinen als die abgebildeten fertigen Häkel- und Kreuzsticharbeiten. Dagegen gibt die Zeichnung mit voll ausgefüllten Kästchen die Wirkung der fertigen Handarbeit gut wieder. Am wenigsten Fehler macht man beim Übertragen der Muster, wenn man in der Mitte des Ornaments anfängt und die weiteren Kästchen strahlenförmig herumsetzt, d. h. in derselben Weise zeichnet, wie man gelegt hat.

**Patronenpapier, auf dem auch die Muster in diesem Buch gezeichnet sind, ist das klassische Handarbeitspapier. Es hat 5 x 5 = 25 Kästchen pro Quadratzentimeter, die einzelnen Kästchen sind damit 4 mal so groß wie beim Millimeterpapier, sie sind groß genug zum Entwerfen und klein genug, um auch größere Entwürfe im Zusammenhang beurteilen zu können.*

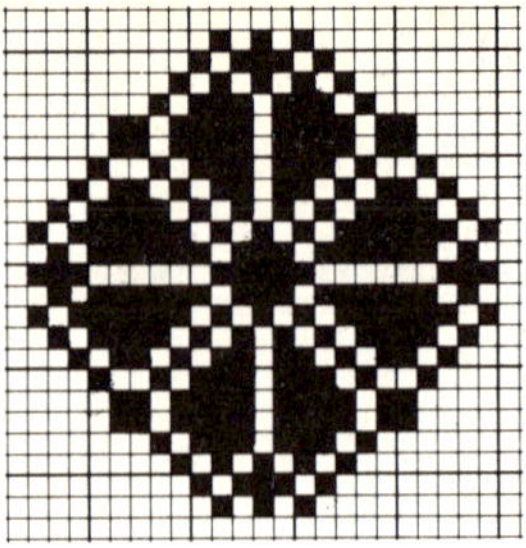

Ornamente, Sterne, Blüten und Borten

Die Sternchen, die wir bisher mit den 25 kleinen Quadraten gelegt haben, werden als Kreuzstich auf Siebleinen gestickt ca. 1,5 cm^2 und gehäkelt (mit MEZ-40er Garn) knapp 3 cm^2 groß. Um so erstaunlicher ist es, wie vielfältig die Variationsmöglichkeiten schon eines so kleinen Motivs sind. Auf den nächsten Seiten werden weitere Sternchen, aber auch Blüten und Borten entwickelt. Einmal deshalb, weil die meisten großen ornamentalen Flächenmuster aus Sternen und Blüten zusammengesetzt sind und weil auch die schönste Bildgeschichte nicht ohne Umrandung auskommt, kurzum, weil es fast kein Muster ohne Ornamente, ohne wenigstens einige rein geometrische Motive gibt. Zum anderen aber auch, weil sich an geometrischen Motiven einige Spielregeln am leichtesten erläutern lassen, und zwar Regeln über die Größe und die Fülle, die Dichte und Schwere des einzelnen Motivs.
Dieses Buch ist eine Anleitung und kein Lehrbuch. Es will darum auch nicht alle Möglichkeiten aufzeigen, wie man einen Stern oder andere Motive beginnen und entwickeln kann. Ich habe auch nicht genau ausgerechnet, wie viele Variationen zu den einzelnen vorgeschlagenen Motiven möglich sind. Ich finde das auch gar nicht wichtig. Um einen schönen eigenen Entwurf zu machen, ist nur wichtig, daß die einzelnen Motive ausgewogen sind und uns gefallen und daß wir beim Entwerfen Motive und Motivvariationen finden, die – zumindest für uns selbst – neu

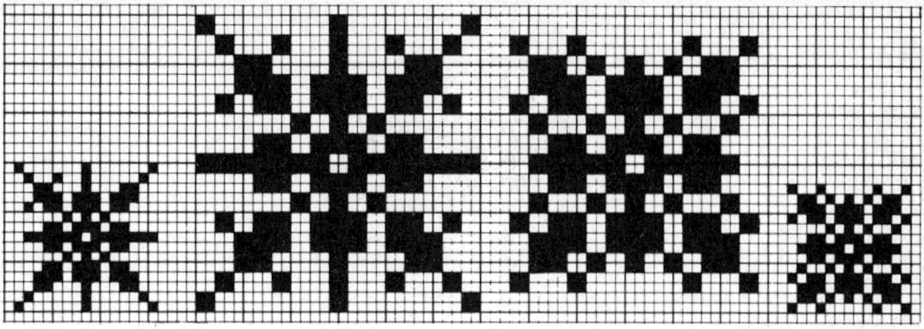

sind. Ich habe die zahlreichen Motive, die ich auf den Entwurfseiten zeige, nicht im einzelnen erklärt; das wäre langweilig. Man kann ja deutlich alles sehen, und wenn Sie einmal genau wissen wollen, wie ich von einem Motiv zu einer Erweiterung oder Veränderung gekommen bin, so legen Sie das Ausgangsmotiv einfach mit den Puzzlequadraten nach. Wenn es bei Ihnen dann nicht genauso wird, um so besser.
Eine einfache Möglichkeit, einzelne Motive zu vergrößern, besteht darin, die einzelnen Ausgangsquadrate selbst zu vergrößern. Da die Grundeinheit - unser Quadrat - ja einem Stich, einem Knoten oder einer Masche entspricht und da wir die Form des Motivs beibehalten wollen, können wir nur so vergrößern, daß wir aus jedem kleinen Quadrat ein neues, größeres Quadrat mit der Seitenlänge 2 oder 3 machen.
Die neuen, vergrößerten Quadrate bestehen dann aus 4, 9 oder 16 (Seitenlänge 4) usw. kleinen Quadraten. Das ist an den äußeren Sternen in der Vignette dargestellt. Wenn wir die mechanisch vergrößerten Sterne mit dem durch Anlegen erweiterten Stern in der Mitte vergleichen, so sehen wir, daß sie etwas grob wirken. Sie müßten durch Verschieben noch etwas verbessert werden.
Ob wir aber einen Stern in dieser Art oder durch ständiges Anlegen immer neuer Quadrate vergrößern, immer müssen wir bei einem geometrischen Motiv auf zumindest 2, wenn es ein Stern bleiben soll, sogar auf allen vier Seiten das gleiche tun. Nur dann erhalten wir ein symmetrisches Muster.

Auf den Seiten 28 bis 31 wird mit weiteren Beispielen gezeigt, wie sich aus winzigen Anfangssternen durch Anlegen zusätzlicher Quadrate an allen Seiten größere oder auch nur dichtere Ornamente entwickeln lassen. Wie wir schon bei dem ersten Sternpuzzle gesehen haben, ergeben sich so Ornamente, die mit vier oder acht Spitzen wie richtige Sterne aussehen; aber auch gerade oder auf der Spitze stehende Quadrate oder sogar richtig geschlossene Kreise.
Wenn wir die größeren Sterne auf den Seiten 28 bis 30 mit den Sternen von Seite 31 vergleichen, so können wir noch eine neue Spielregel erkennen: Je stärker die Mittellinien und / oder die Diagonalen betont sind, desto schwerer, größer, gewichtiger wirkt ein Stern. Schwere Sterne, gleich welcher Größe, sind als Mittelpunkt eines größeren Musters oder Motivs oder als Teile einer geschlossenen Borte besonders geeignet, während leichte Sterne für offene Borten, in Blumen oder als Füllsel für großflächige Muster sehr wichtig sind.
Und eine weitere Spielregel: Je größer ein Ornament ist, desto eher ist es möglich, Nuancierungen herauszuarbeiten. Auf Seite 31 ist der kleine blütenförmige Stern links oben voll ausgefüllt, bei den beiden darunter stehenden größeren Blüten sind die Blätter durch Aussparen aufgelockerter und reicher geschmückt. Wenn Sie sich die einzelnen Sterne genau anschauen oder, noch besser, mehrere nebeneinander mit den Quadraten legen und variieren, so werden Sie noch viele Gesetzmäßigkeiten finden, wie mit nur geringen Änderungen der Charakter eines Ornaments, seine Wirkung, vollständig verändert werden kann.

1936

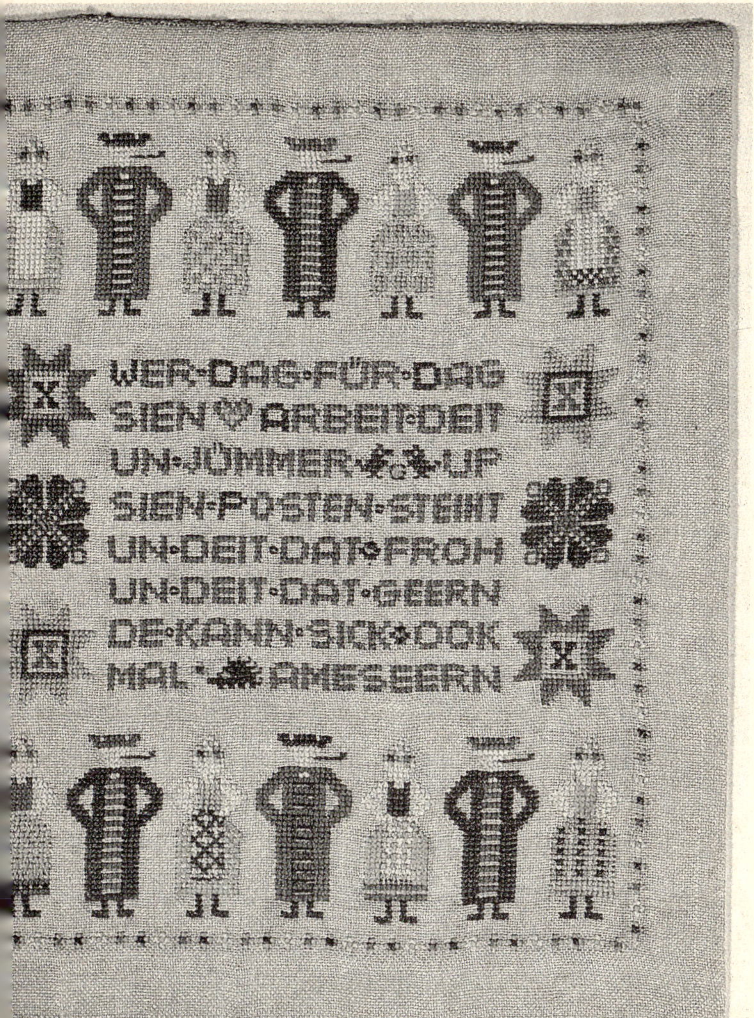

Buchhülle, Kreuzstich auf Halbleinen, E. Grodau, Delmenhorst, 50 x 30,5 cm

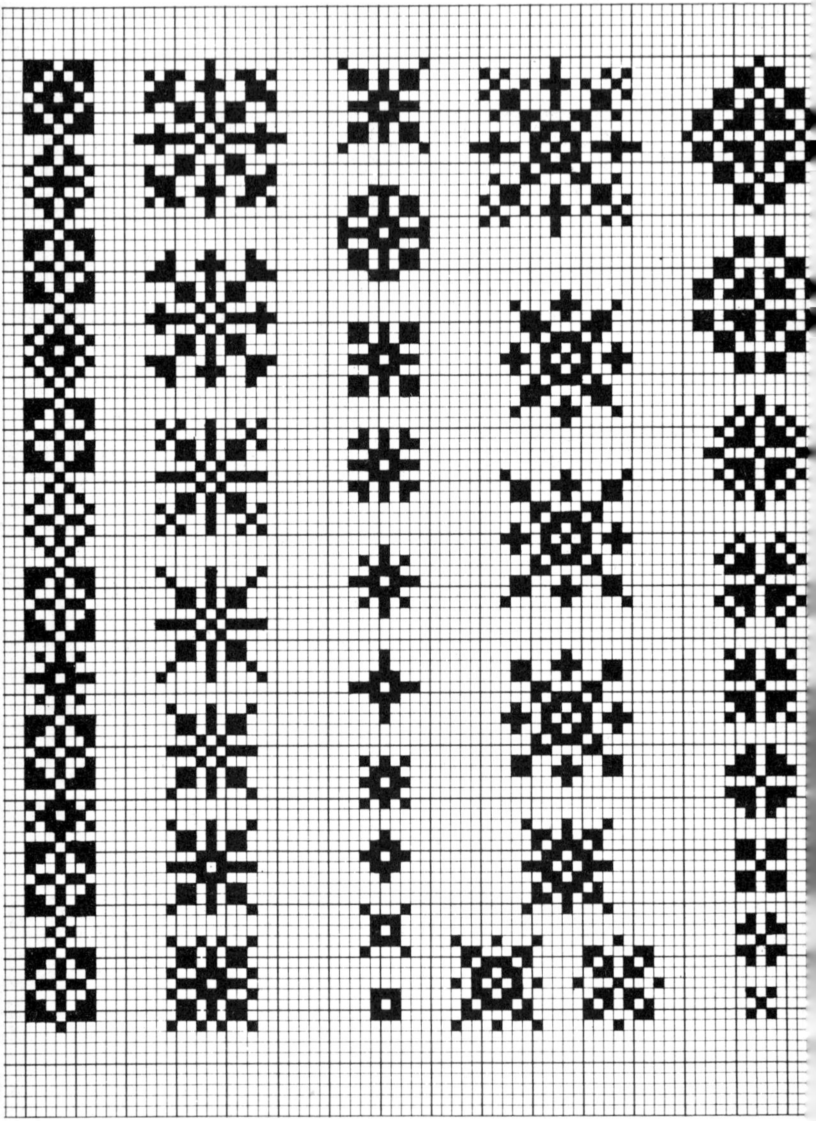

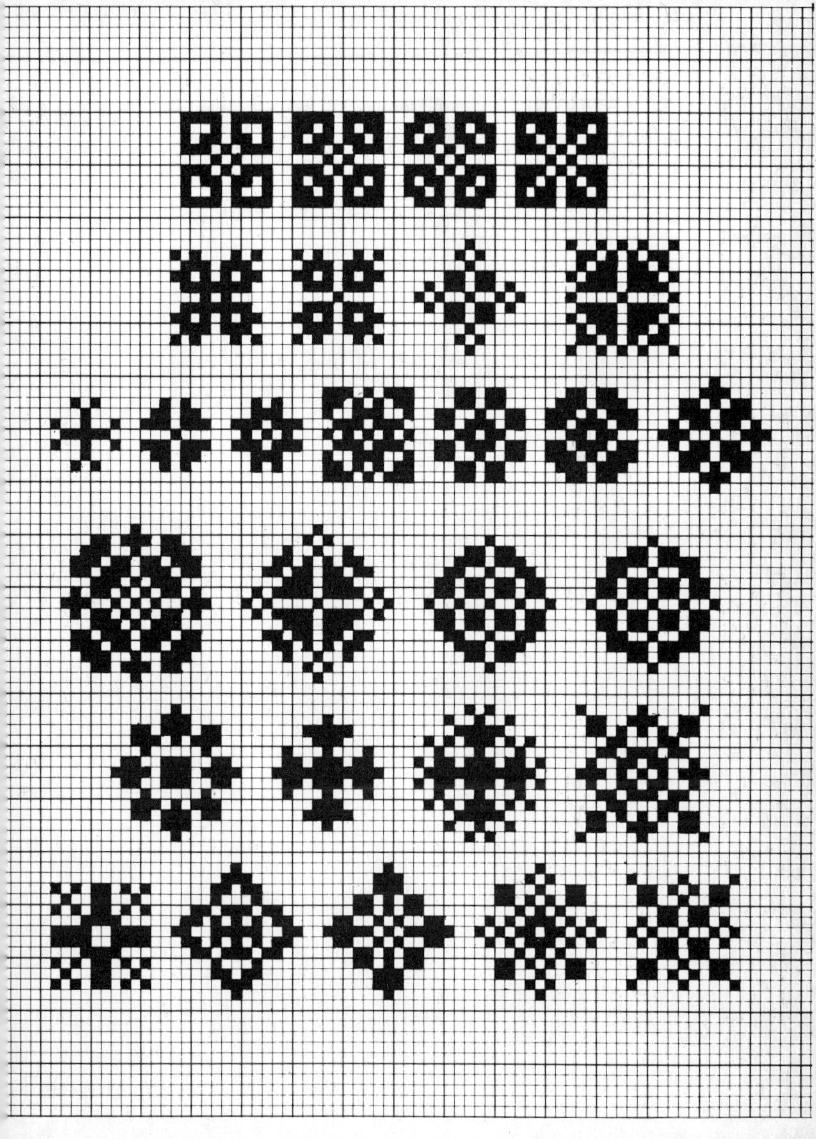

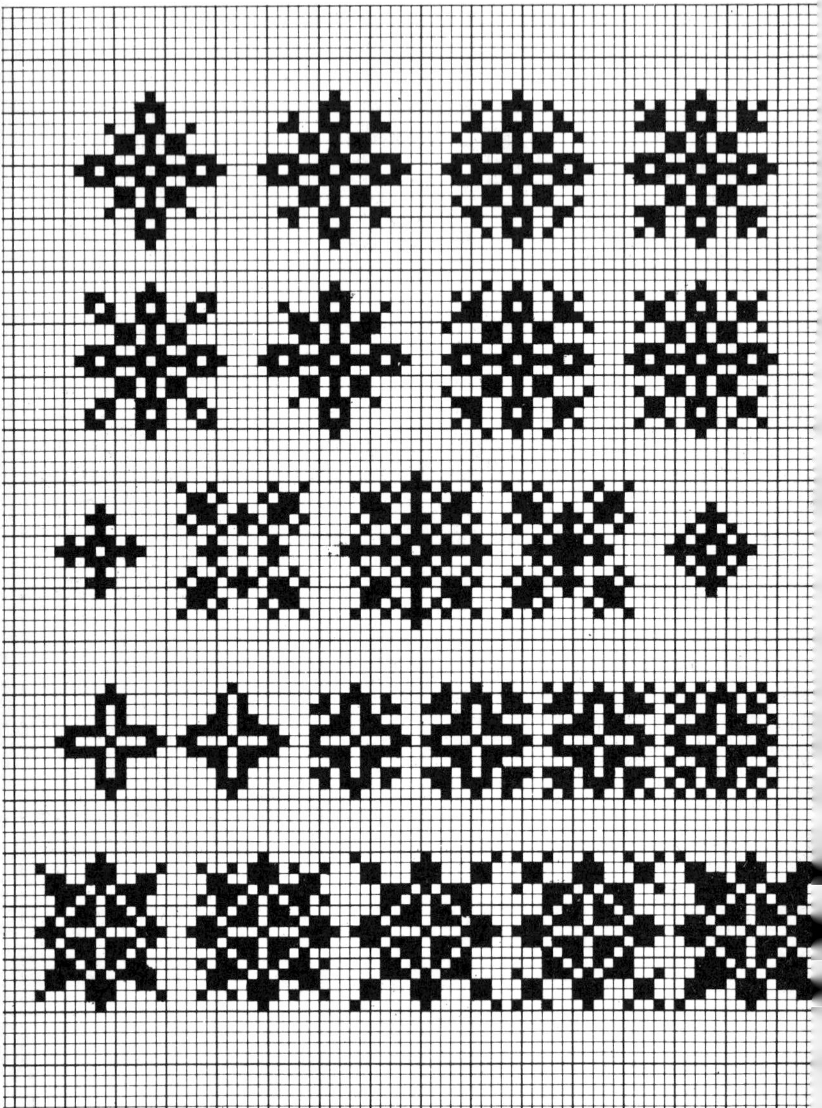

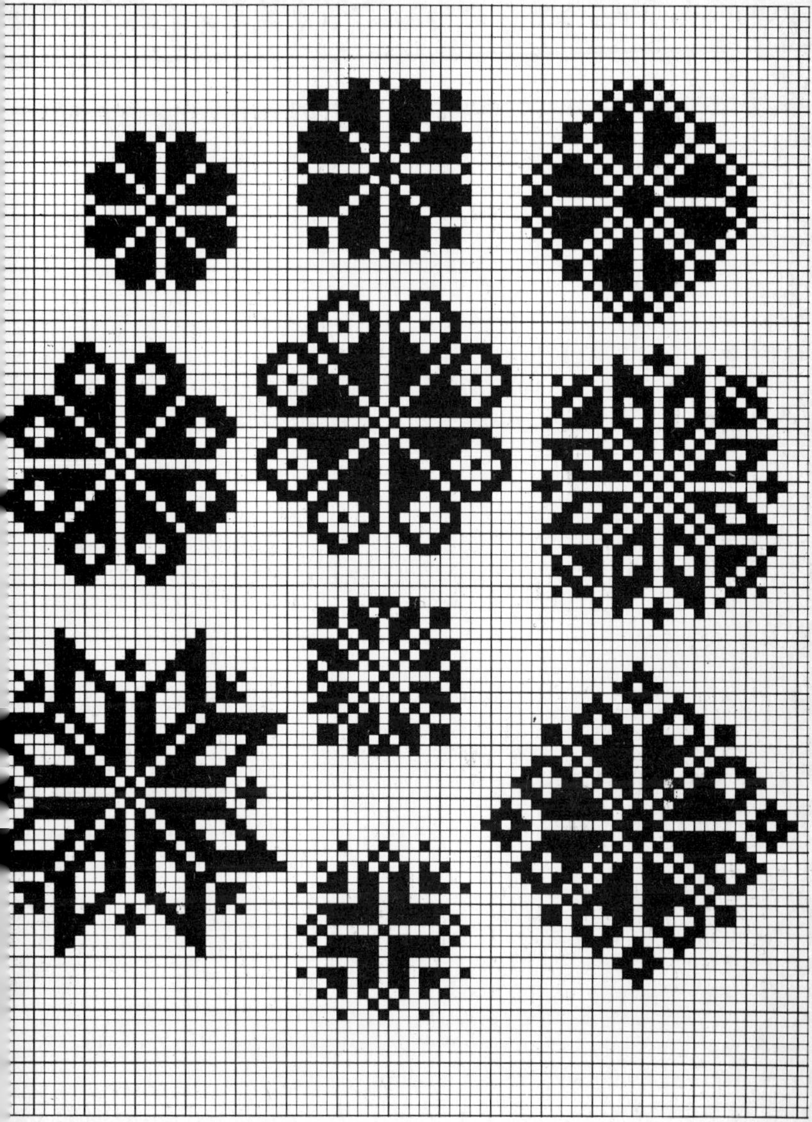

Sternblüten

Eine offene Blüte ist im Prinzip nichts anderes als ein Stern, bei dem die Mittellinien und die Diagonalen betont und die Ecken abgerundet sind. Man kann eine Blüte daher auch wie einen Stern von der Mitte aus konstruieren. Bei den Blüten auf den folgenden Seiten bin ich jedoch jeweils von einem Blütenkranz ausgegangen, den ich aus acht kleinen Sternen gebildet habe. Der Kranz, aus dem die Blüten auf Seite 34/35 entwickelt sind, ist links oben auf Seite 34 gezeichnet. Seine acht Sternchen sind aus 2, 4, 4, 2 Quadraten gebildet.
Versuchen Sie doch einmal den Blütenkranz der Motive von Seite 33 selbst zu legen. Die acht kleinen Sternchen sind hier aus 1, 3, 3, 1 Quadraten gebildet. Den Blütenkranz auf Seite 34 habe ich mit 39 verschiedenen Mittelpunkten abgewandelt, aber es gäbe noch eine Fülle weiterer Variationen, Variationen, bei denen die Blüte vierblättrig oder achtblättrig erscheint, und solche, wo sie einfach nur rund wirkt.

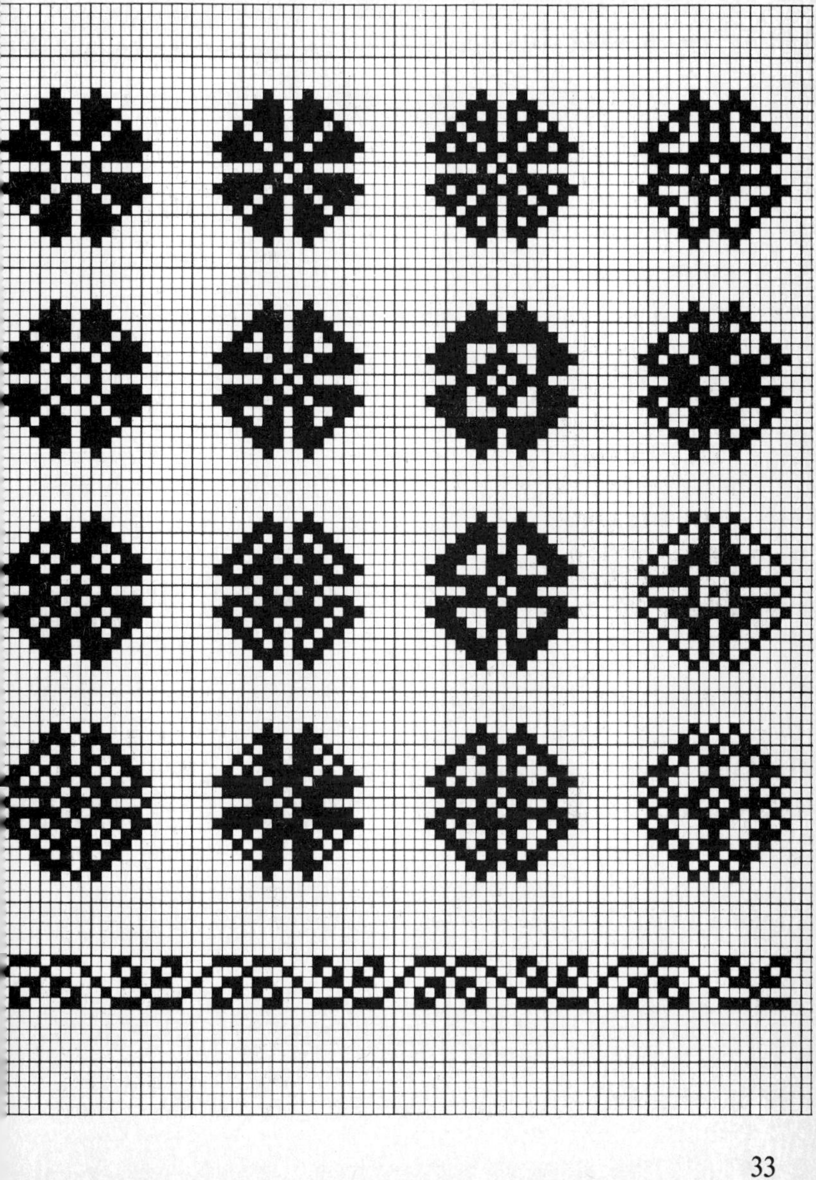

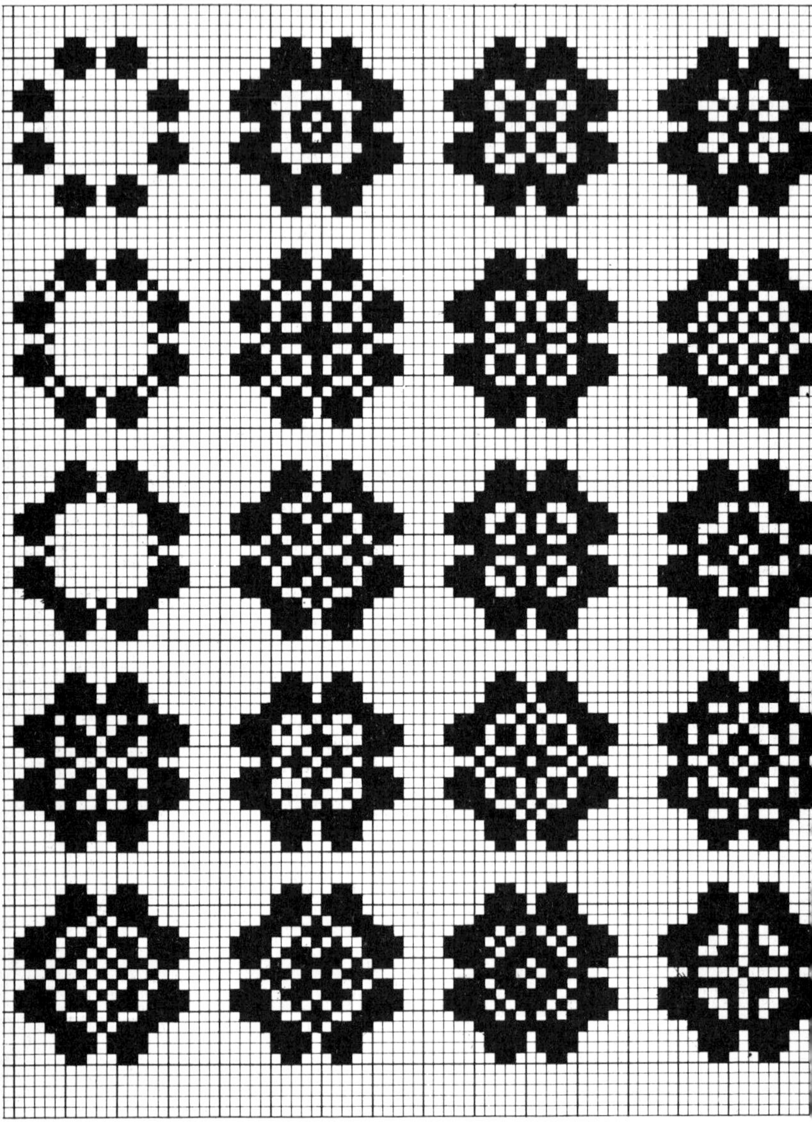

Decke, Kreuzstich auf Siebleinen, Hellbraun auf Weiß, E.M.L., 73 x 60 cm

Borten

Eine Borte ist nichts anderes als die ständige Wiederholung desselben Motivs bzw. derselben Motivgruppe.
Schon aus dem bloßen Versetzen von jeweils drei Quadraten gegeneinander ergibt sich eine schlichte Borte. Wie die Seite 40 zeigt, kann diese zweireihige Kante einfach und doch vielfältig auf 4, 6 oder mehr Reihen erweitert werden.
Zu beachten ist beim Entwurf von Borten eigentlich nur, daß auch die Erweiterung der Borte in der Breite am besten symmetrisch erfolgen sollte, d. h. daß sie immer nach oben und unten erweitert werden muß.
Eine Borte wirkt um so schwerer, je dichter das Motiv bzw. die Motivgruppe an den Außenseiten ist. Wie die folgenden Seiten zeigen, können Borten nicht nur aus winzig kleinen Einzelelementen, sondern auch aus - schon für sich allein wirkenden - Sternen zusammengesetzt werden.
Sehr lebendige Borten erhält man, wenn man sie aus zwei oder drei verschieden großen und verschieden dichten Sternen zusammensetzt. Werden jedoch zu viele verschiedene Motive aneinandergereiht, so wirkt die Borte leicht zu unruhig. Eine ruhige Borte, die dennoch nicht langweilig ist, erhält man durch Aneinanderreihung ein und derselben Motivgruppe, gebildet aus einem Motiv in verschiedenen Variationen, wie es hier oben auf der Seite abgebildet ist.

Steigende Borten, Ranken

Eine steigende Borte hat eine Mittellinie oder einen Stamm, an dem beidseitig schräg nach oben und außen Sterne oder andere geometrische Motive blütenartig oder Viertelsterne blätterartig angeordnet werden. Beim Entwurf müssen wir darauf achten, daß die einzelnen Blätter sich nicht berühren, andererseits aber auch nicht zu weit auseinanderstehen. Im ersten Fall kann man das Muster nicht mehr klar erkennen, im zweiten Fall geht die Geschlossenheit der Borte verloren.
Da eine schöne steigende Borte häufig große Ähnlichkeit mit einer Blume hat, kann man sie in einem als offene Blüte ausgebildeten Stern auslaufen lassen.
Soll die steigende Borte jedoch als Rankenkante benutzt werden, muß eine Ecke entworfen werden. Auch dies geschieht wieder

durch einen einfachen Trick: Auf die bereits gezeichnete Borte wird diagonal ein Spiegel gestellt. Das sich so ergebende Spiegelbild wird einfach abgezeichnet.
Die beiden auf den Seiten 43/44 abgebildeten Flächenmusterzeichnungen sind ebenfalls durch Spiegelung entstanden. Hier wurde der Spiegel jedoch nicht in der Diagonalen, sondern waagerecht zur Borte aufgesetzt.
Bei rankenförmigen Borten verläuft die gedachte Grundlinie nicht waagerecht, parallel zur Arbeitsreihe, sondern bildet eine fortlaufende Schlangenlinie. Um sie zu entwerfen, legt man diese Linie mit den kleinen Quadraten. Jetzt kann man sie verstärken, indem man zu den Seiten hin weitere Quadrate hinzufügt, oder man unterbricht sie, indem man einzelne Quadrate wegnimmt. Die Halbkreise unter den Bögen kann man mit kleinen Ornamenten ausfüllen.
Steigende Borten und Ranken eignen sich als Kreuzsticharbeit gut zur Umrandung von Tischdecken. Aber auch Sets oder Tischläufer können damit geschmückt werden. Bei einem Tischläufer kann die Ranke auch eine Mittellinie bilden.
Bei der Decke auf Seite 34 können Sie sehen, wie man Umrandung und Mittelborte anordnen kann. Ihnen fallen sicher noch viele Variationen ein.

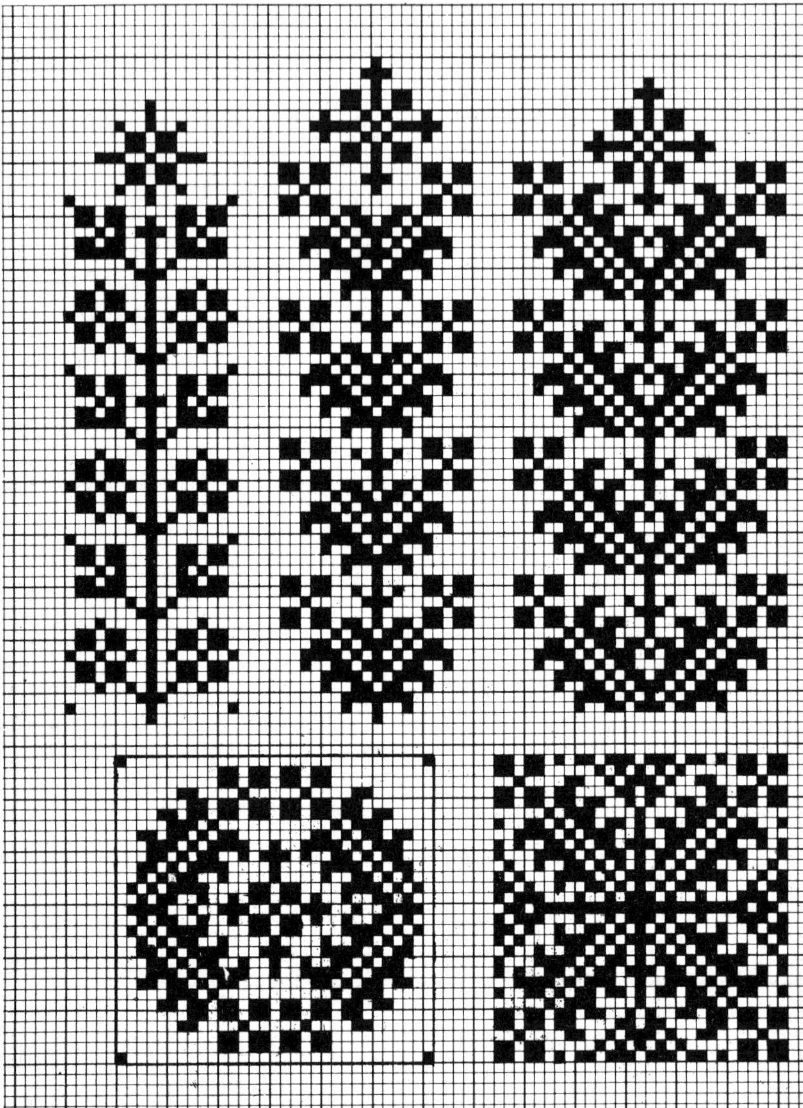

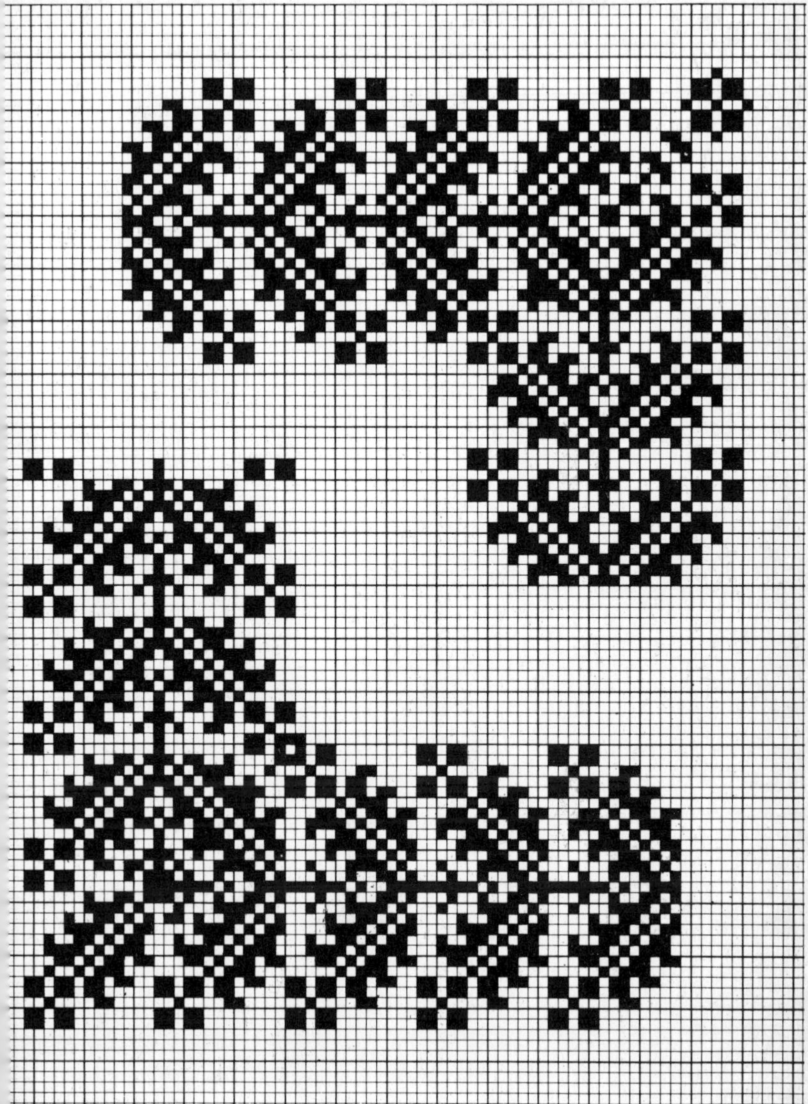

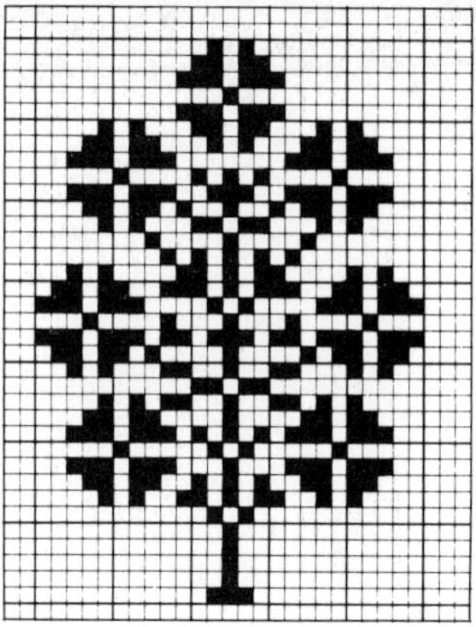

Figürliche Darstellungen

Jede Pflanze, jedes Tier, jeder Mensch kann uns als Anregung für ein Motiv dienen. Es sind nicht nur Wandbehänge und Bildgeschichten, für die man figürliche Darstellungen benutzen kann; eine Aneinanderreihung solcher Motive ergibt lustige Borten.
Auf alten chinesischen Seidenteppichen waren Drachen und Blumen die häufigsten Motive. Auch auf alten Stickmustertüchern sehen wir neben Ornamenten und Alphabeten vor allem figürliche Darstellungen, die zum Ausschmücken von Handarbeiten „gemerkt" wurden.
Im Prinzip ist das Entwerfen von gegenständlichen Motiven nicht schwerer als das Entwerfen geometrischer Ornamente. Wir müssen nur daran denken, daß wir uns zuerst einmal auf das Einfachste beschränken müssen, nämlich auf das, was den bildlichen Eindruck des Dargestellten ausmacht.
Allein mit den kleinen Quadraten müssen wir es in wenigen Reihen schaffen, daß man eine Kuh von einem Pferd, einen Mann von einer Frau unterscheiden kann. Wenn wir uns auf das Wesentliche, Charakteristische des Dargestellten beschränken, ist das aber leichter, als man denkt.

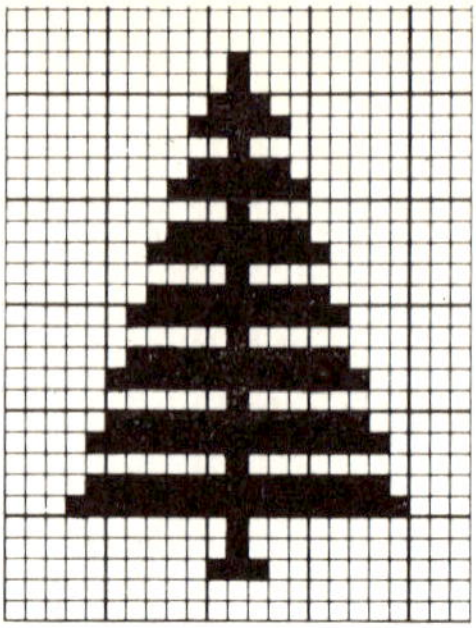

Bäume

Bäume sind ganz einfach: Das Wesentliche sind der Stamm und die Äste. Für den einfachsten Baum, den Tannenbaum, legen wir den Stamm senkrecht und die Äste waagerecht zur Spitze hin verjüngt in Dreiecksform. Oder wir lassen ihn mit steigenden oder fallenden Ästen wachsen, manchmal schmal, manchmal breiter, mehr ausladend. Solche einfachen Bäume können wir naturalistischer gestalten, wenn wir die einzelnen Äste dicker und gezackter machen. Nur dürfen wir nicht vergessen, daß wir die Quadrate nur waagerecht und senkrecht, nicht diagonal im „Rhombus" anlegen dürfen. Wenn wir an den äußeren Spitzen Kerzen anstekken, haben wir einen Weihnachtsbaum, dem wir, wenn wir ihn nicht voll ausgefüllt in der Silhouette zeigen, sogar Kugelschmuck und Lametta anhängen können.
Hochgesteckte, schlanke Laubbäume gestalten wir wie den Tannenbaum, nur mit weniger Ästen und dadurch luftiger. Auch sollte die beim Tannenbaum besonders betonte Dreiecksform etwas abgemildert werden.
Laubbäume mit großer runder Krone gefallen mir persönlich noch besser, vor allem, wenn wir hier als Wesentliches nur Stamm und Krone betonen und die Form der Krone mit Sternen und kleinen Kreuzchen nachbilden und ausfüllen. Der Stamm muß sichtbar bleiben, die Äste brauchen nicht exakt betont zu werden.

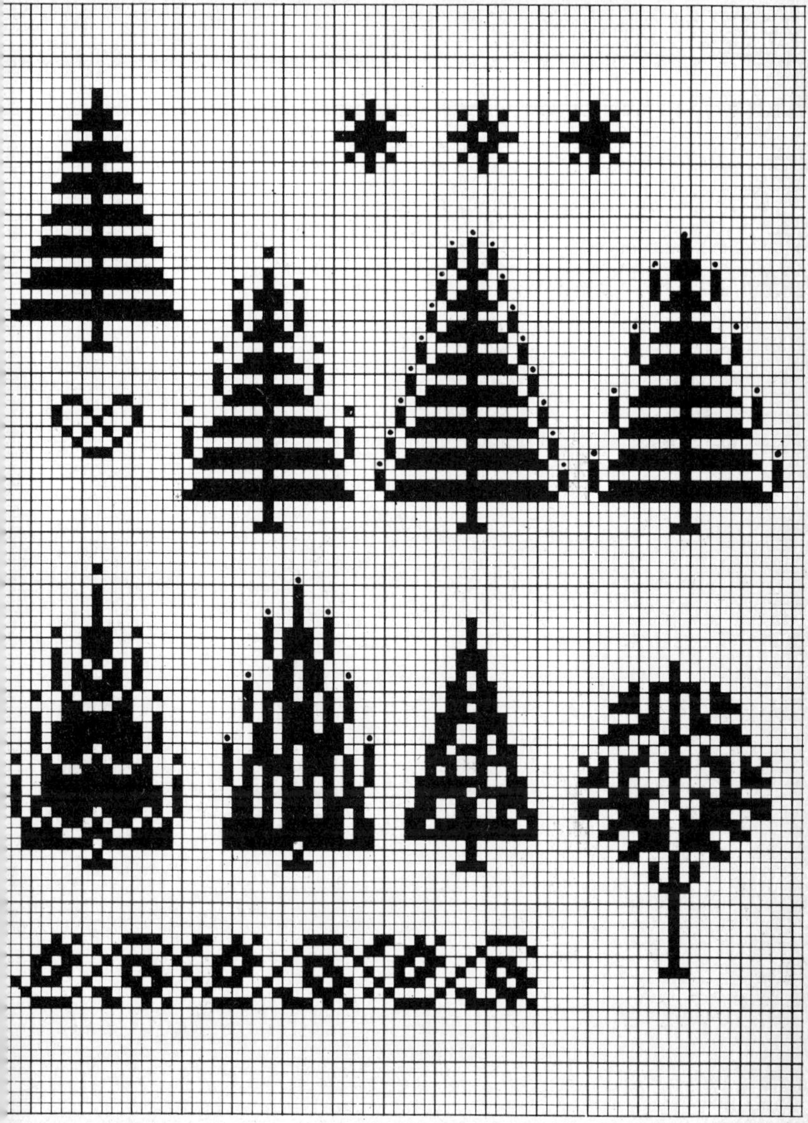

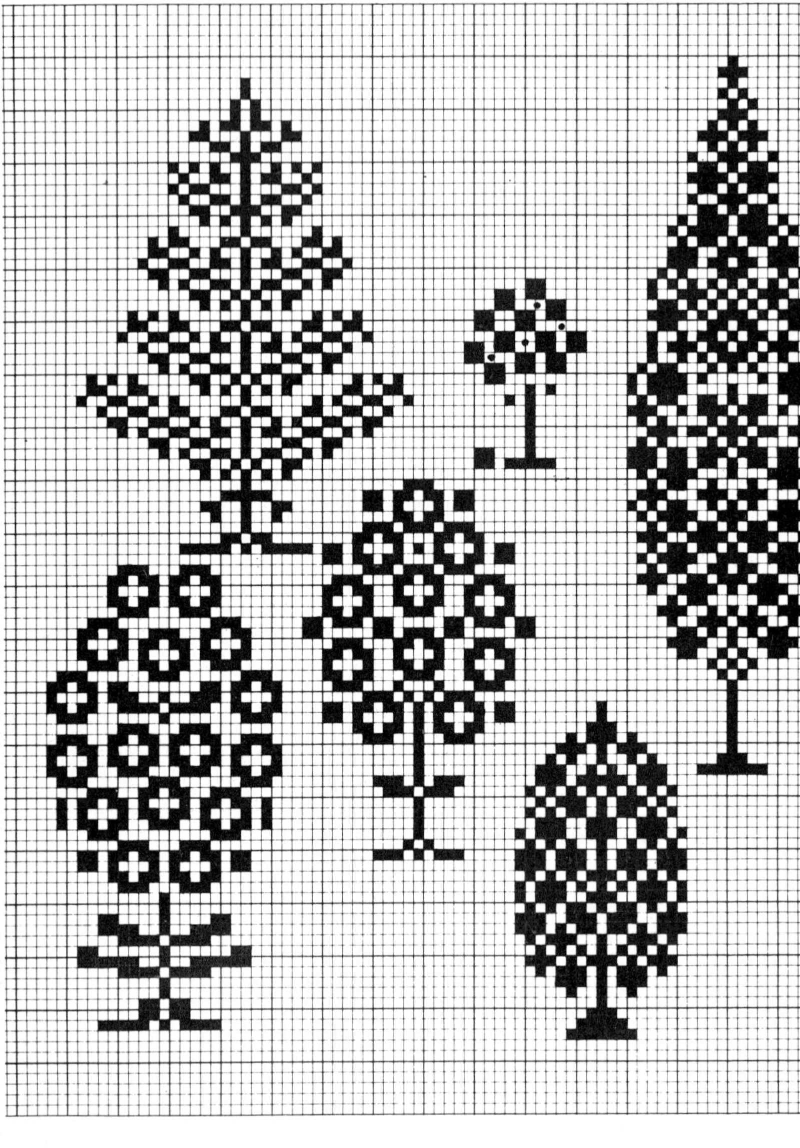

Lebensbaum aus Sternen, Kreuzstich, Wolle auf Rupfen, Braun, Rot auf Beige. Handschuck, Köln. 70 x 122 cm

Stickbild, Kreuzstich auf Halbleinen, Blau, Rot auf Hellblau,
E. Grodau, Delmenhorst

Schriftbild, Kreuzstich auf Halbleinen, E. Grodau, Delmenhorst

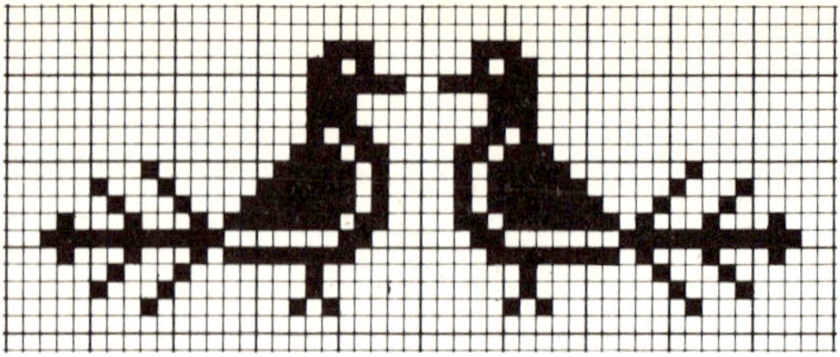

Vögel

Auch beim Vogel beschränken wir uns wieder auf das Wesentliche: Er hat einen Kopf mit Schnabel, einen Rumpf, einen Schwanz; manchmal sieht man Flügel und Beine.
Beim Legen eines Vogels fängt man am besten mit dem Kopf an, es folgt der dreieckförmige Rumpf, der Schwanz, ein kleines Bein mit oder ohne Fuß, und wenn er fliegen soll, natürlich auch die Flügel. Die ersten drei Reihen Vögel auf der Nebenseite sind aus demselben „Grundvogel" gebildet. Aber wie verschieden ist der böse Rabe in der ersten Reihe, wenn man ihn mit dem lustigen Zeisig in der dritten Reihe - dritter von rechts - vergleicht! Beim Hahn werden die schönen Schwanzfedern, die immer auch nach unten zeigen sollten, betont und natürlich der Kamm. Das Rad des Pfaus auf Seite 59 kennen wir schon. Es ist nicht anders gebildet wie die Laubbäume auf Seite 52. Auch bei Vögeln gilt: Je größer das Motiv ist, desto eher lassen sich Nuancen bilden. So ist es zum Beispiel erst bei einem Vogel über 14 bis 15 Reihen möglich, die Flügel auch im Rumpf - wie bei dem Vogel auf Seite 57 - sichtbar zu machen. Bei einem fertigen Entwurf sieht es immer besser aus, wenn Motive, die von der Seite gezeigt werden, ins Bild „gucken". Das tun auch die Vögel auf den folgenden Seiten. Ich habe sie fast alle mit dem Kopf nach links entworfen, denn seitenverkehrt zeichnen ist ja keine Schwierigkeit. Um mit einem asymmetrischen Motiv ein geschlossenes kleines Muster zu erhalten, kann man es zweimal verwenden und sich gegenseitig anschauen lassen, wie z. B. die Taubenpaare auf Seite 59.

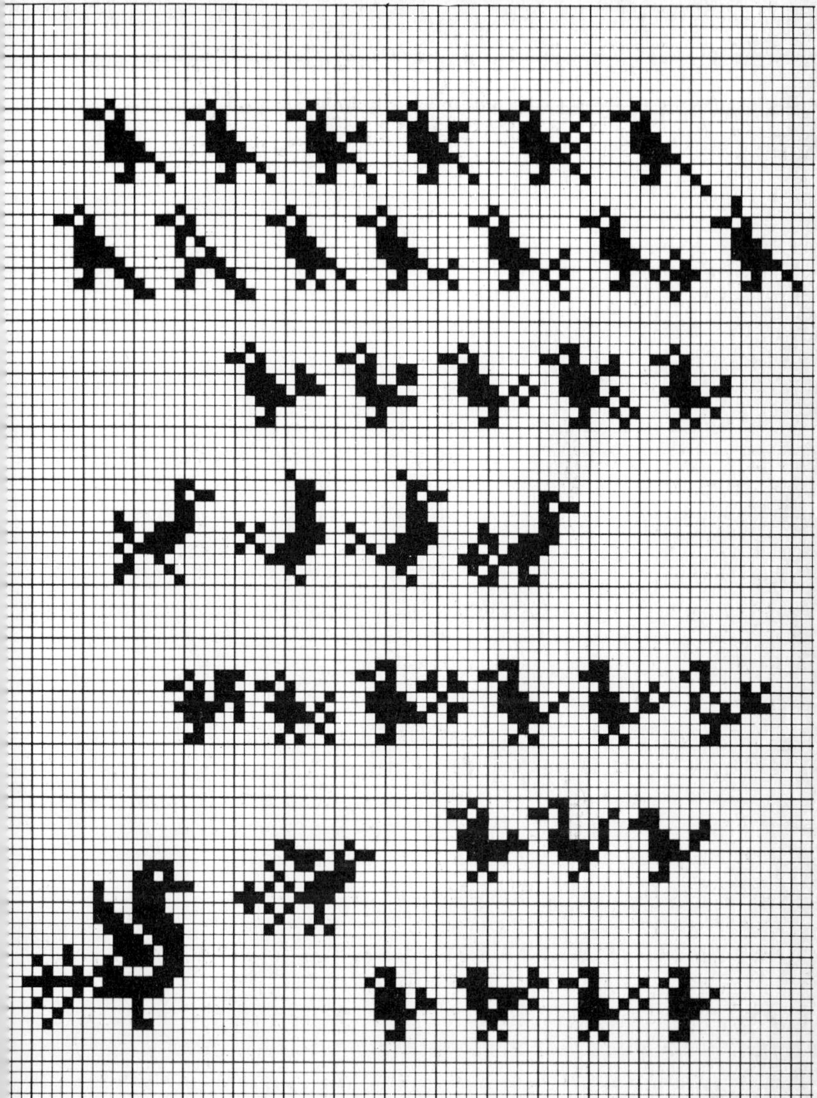

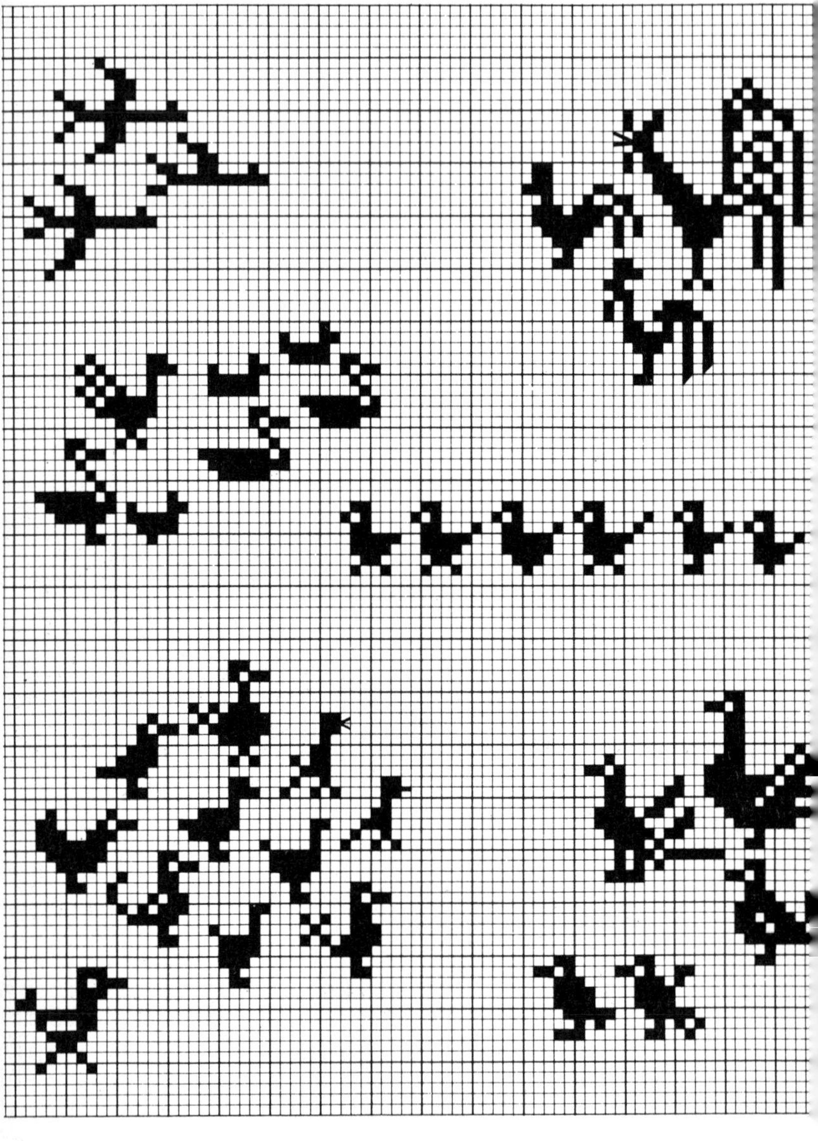

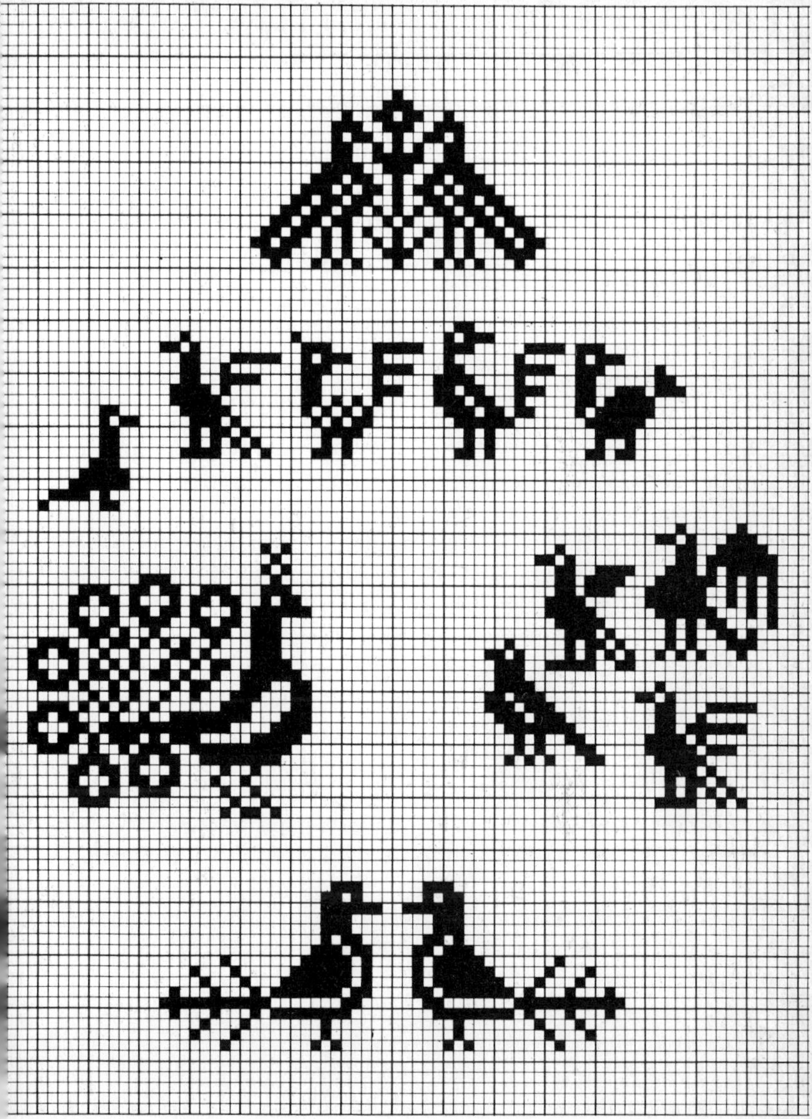

Herzen und Blumen

Wenn sich Vögel, Blumen und Blüten in den Mustern und Motiven der ganzen Welt wiederfinden, so gilt dies in der Volkskunst des europäischen Raumes auch für Herzen.
Ein Herz wird um so schöner, je breiter es angelegt ist und je mehr die beiden Rundungen dem Kreis entsprechen. Ein Fehler, der dem Ungeübten beim Freihandzeichnen oft passiert, daß nämlich die beiden Hälften nicht symmetrisch sind, ist beim Legen mit Quadraten und beim Zeichnen in Kästchenpapier zum Glück ausgeschlossen. Wie schon bei den Mittelpunktsternen erwähnt, ist es bei der Vergrößerung eines Ornamentes oft schön, wenn es innen aufgelockert ist. Einmal können wir nur den Schattenriß nehmen, wie bei einigen der gezeigten Herzen; wir können aber das Motiv auch innen noch einmal wiederholen oder es mit anderen Motiven, wie Vögeln, Blumen oder Monogrammen, ausschmücken. Wenn wir statt einer offenen runden Blüte, die wir bereits entworfen haben, eine kelchförmige Tulpe oder Glockenblume wählen, müssen die Blütenblätter immer leicht nach unten abknicken.
Aus drei verschiedenen Blumen und einem Vögelchen haben wir sehr schnell eine Wiese zusammengelegt. Auf Seite 62 ist gezeigt, wie sich der Charakter der Wiese verändert, wenn wir die einzelnen Blumen mit oder ohne Abstand voneinander zeichnen.

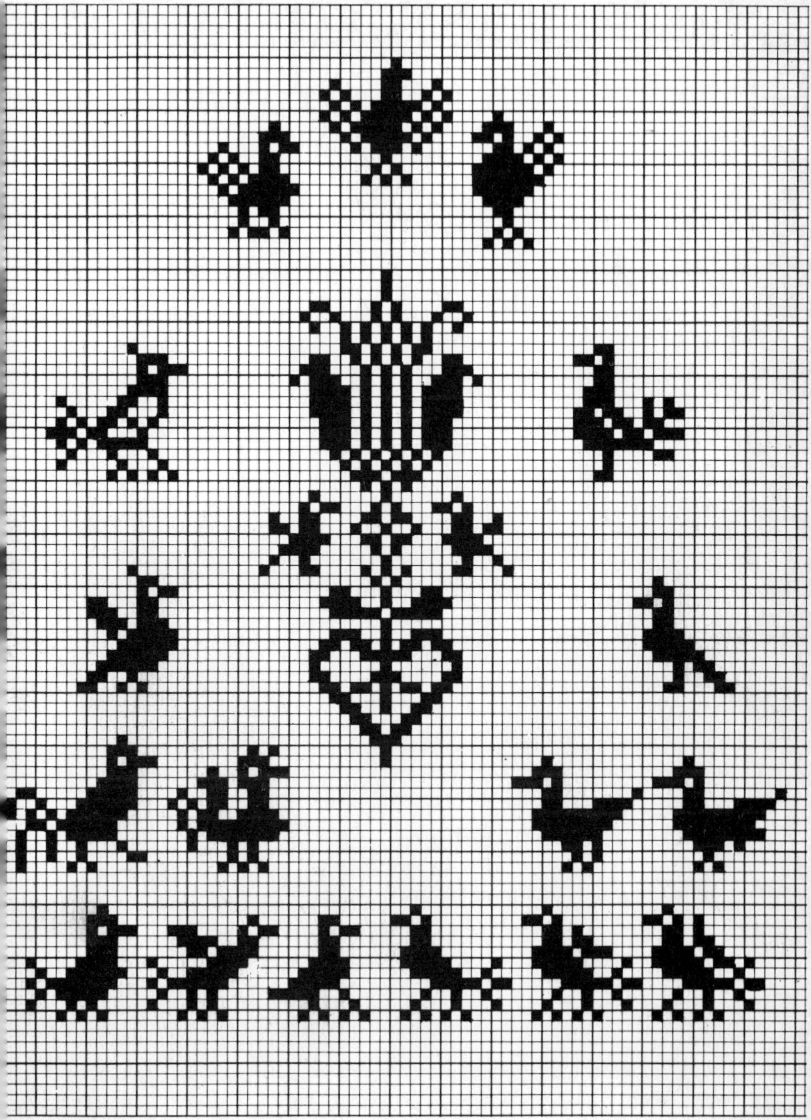

G
GH
19 44
H S
1732
1974
LS

Menschen, Tiere, Häuser usw.

Ob wir Menschen, Tiere, Häuser oder Autos entwerfen, immer gilt: Das, was man sieht, was besonders ins Auge fällt, muß nicht nur betont, sondern - damit es auch in der Handarbeit noch erkennbar ist - überbetont werden.

Menschen
Einen Menschen fangen wir mit 3 x 3 unserer kleinen Quadrate an. Das ergibt den Kopf. Der Hals - 1 Quadrat - darf nicht fehlen. Dann kommen die breiten Schultern mit dem Rumpf, der sich zur Taille hin verjüngt, und dann der Rock oder die Hose; Füße können, müssen aber nicht sichtbar sein. Jedoch dürfen wir die Arme nicht vergessen. Die quadratischen Köpfe sehen netter aus, wenn wir ihnen einen Hut aufsetzen oder Zöpfe geben. Lange, breite Röcke können wir mit einem Muster versehen oder mit einer Schürze bedecken. Kinder gestalten wir wie kleine Menschen, mit breitem Kopf und überproportional stark verkleinertem Oberkörper.

Auch beim Entwerfen von Menschen in der Bewegung fangen wir mit dem Kopf an. Den Körper müssen wir überbetont in die Bewegungsrichtung strecken, d. h. bei einem Schnelläufer mit ausgestrecktem Arm wird dieser Arm besonders lang angelegt. Als Gedächtnishilfe kann man sich bei allen Figuren - aber besonders beim Menschen in der Bewegung - zunächst ein Strichmännchen zeichnen, das man dann in Quadraten nachlegt.

Tiere

Ob wir nun Pferde, Kühe oder Hirsche entwerfen wollen: alle haben einen Kopf, einen langgestreckten Körper und mindestens 2, oft aber 4 sichtbare Beine. Für den Motiventwurf unterscheidet sich das Pferd von der Kuh durch seinen langgestreckten Hals mit der Mähne, durch seinen spitzen Kopf, den schlankeren Bauch und die längeren, dünneren Beine. Die Kuh hat einen breiten, trapezförmigen Kopf. Im Gegensatz zum Pferd hat der Hirsch ein Geweih, der Körper ist etwas kürzer, der Bauch unten nicht geschwungen.

Nach diesem Prinzip können wir alle Tiere entwickeln, auch den Hund mit der leicht vorstehenden Schnauze und den hochstehenden Ohren, dem kleinen Körper mit den kurzen Beinen und dem Stummelschwanz, oder die Ofenkatze mit ihrem ovalen, eiför-

migen Körper, dem kleinen runden Kopf und dem langen, s-förmigen Schwanz.

Häuser
sind breitere oder höhere Rechtecke mit flachen, zinnenförmigen oder schrägen Dächern. Sie haben Türen, Fenster und Schornsteine. Man kann sich darauf beschränken, die Umrisse zu legen und Fenster und Türen einzusetzen. Genauso ist es möglich, das Haus voll mit den kleinen Quadraten auszulegen und Fenster und Türen auszusparen. Wenn wir besonders große Häuser entwerfen wollen, können wir auch Details, wie Balkone, Fachwerk oder Stuckzierat, sichtbar machen. Dann kann man einem Bauernhaus auch schon ansehen, ob es nach Niedersachsen, Bayern oder in die Schweiz gehört.

Autos und Segelschiffe
Wenn ich sie mir genau betrachte, dann sind die Autos, die ich entworfen habe, recht altmodisch. Sie entsprechen allenfalls einem Rolls-Royce oder einer englischen Taxe. Das liegt daran, daß für mich das Wesentliche an einem Auto die rechteckige Karosserie, der klotzige Kühler, die Räder und, nicht zu vergessen, das Reserverad hinten sind. Es stimmt: Heute sehen Autos

nicht mehr so aus; aber mir gefallen die alten. Nur von vorne betrachtet, hat sich nicht viel geändert: zwei Räder, der breite Kühler mit den Scheinwerfern und der Aufbau mit der Windschutzscheibe. Wie wäre es, wenn Sie ein modernes Auto, z. B. einen Porsche, entwerfen würden?
Segelschiffe sind wieder besonders einfach: Sie haben einen langgestreckten Rumpf, einen Mast, ein oder zwei Segel und - damit sie freundlicher aussehen - auch einen Wimpel.

Wenn Sie bei all diesen Motiven mitgespielt, mitverändert haben, wenn Sie selbst ein paar eigene Sterne, Vögel, Bäume, Menschen, Tiere und Häuser nicht nur mit Quadraten gelegt, sondern auf Karopapier übertragen und auch in einem Heft oder Ordner gesammelt haben, dann brauche ich nichts mehr zu erklären, dann können Sie jetzt jede Figur, die Ihnen in den Sinn kommt, und das heißt auch und vor allem solche, die hier gar nicht gezeigt werden, wie zum Beispiel Turner und Leichtathleten, Elefanten und Giraffen, Flugzeuge und Märchenschlösser, in ein Motiv für ein Handarbeitsmuster umsetzen.

Stadtbild, Sticktuch Kreuzstich auf Halbleinen, E.M.L. 31 x 33 cm

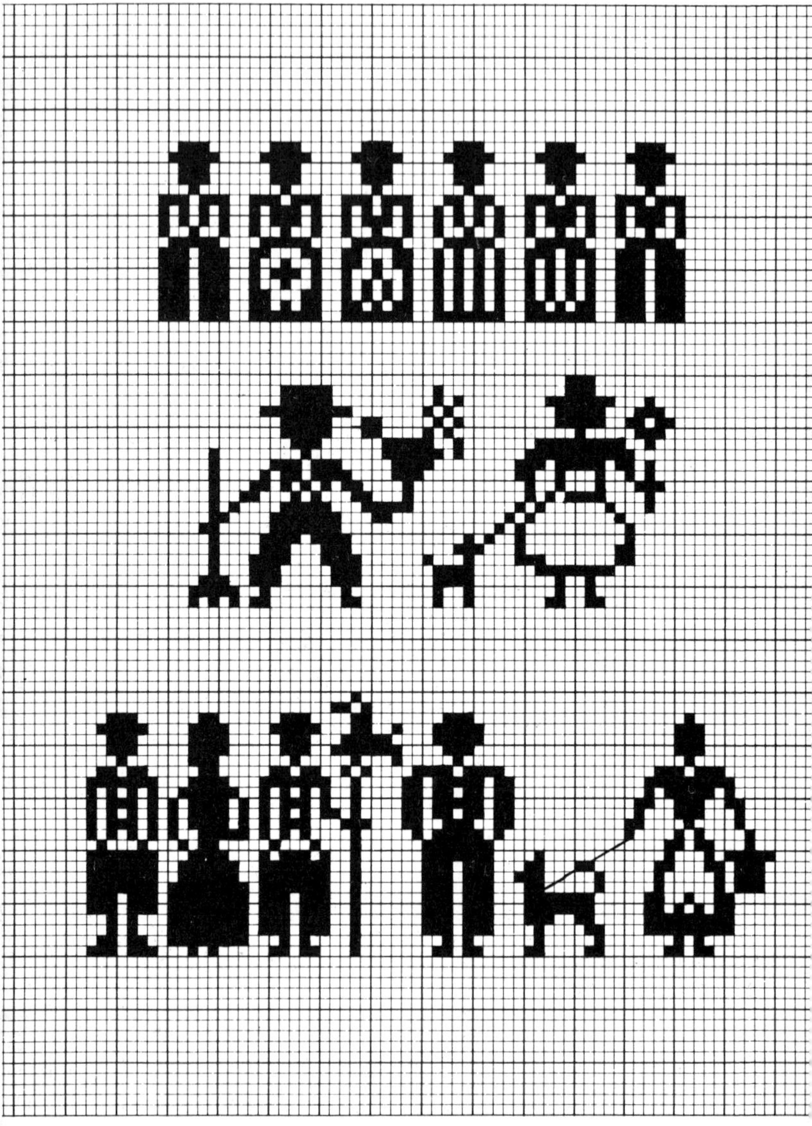

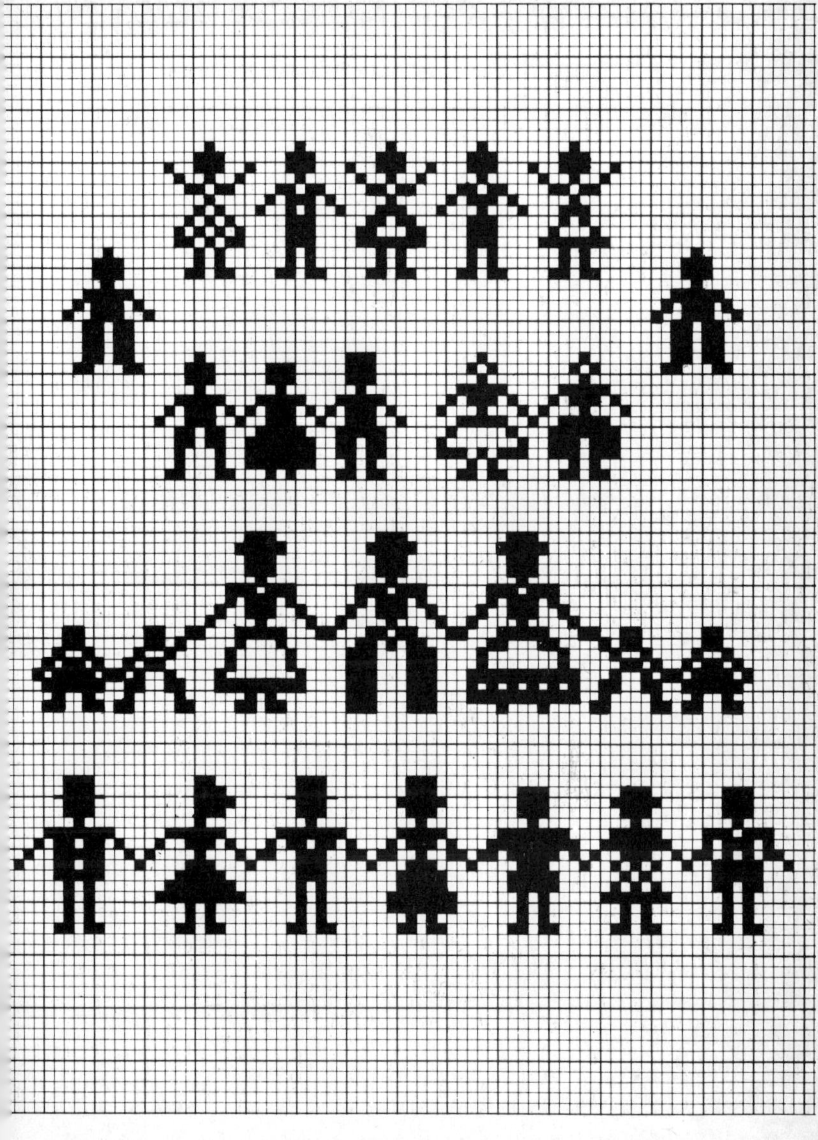

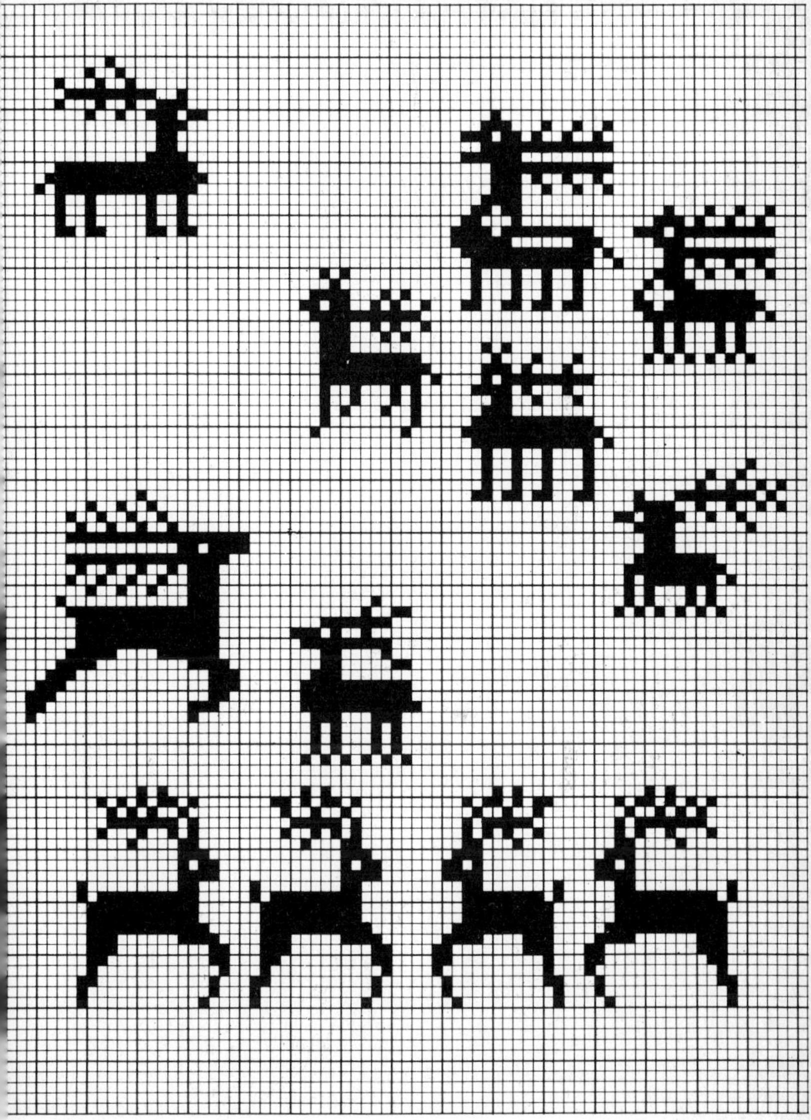

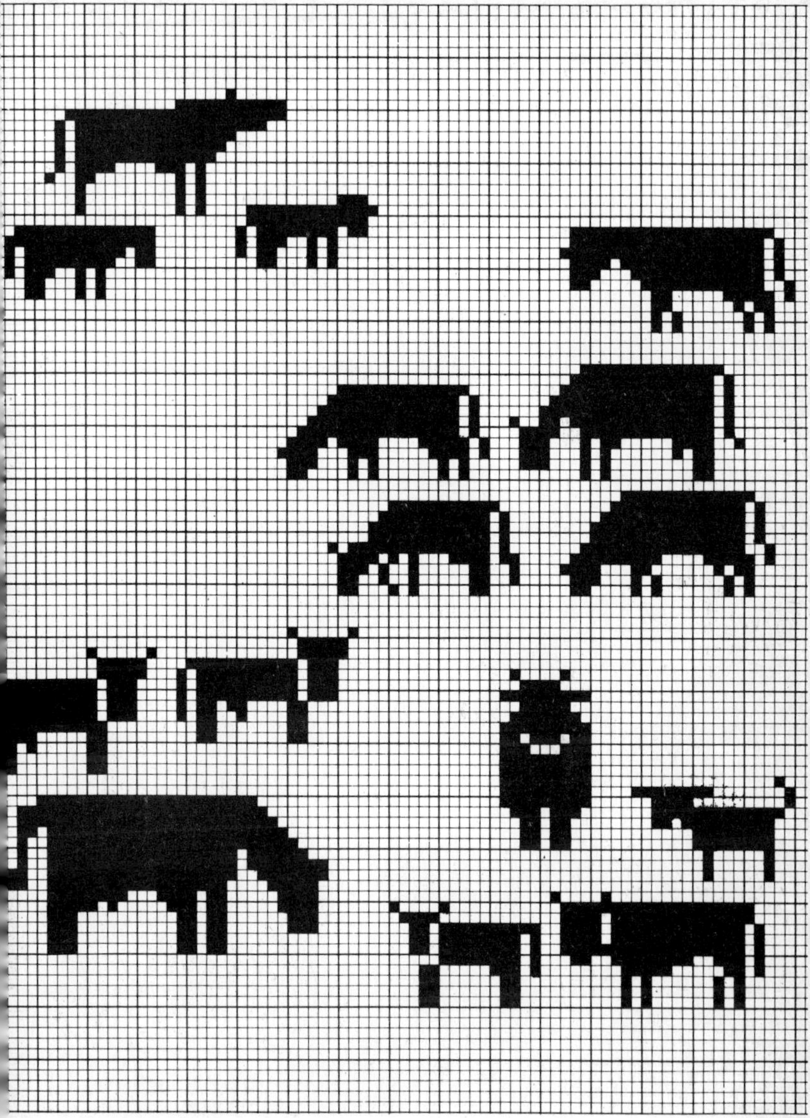

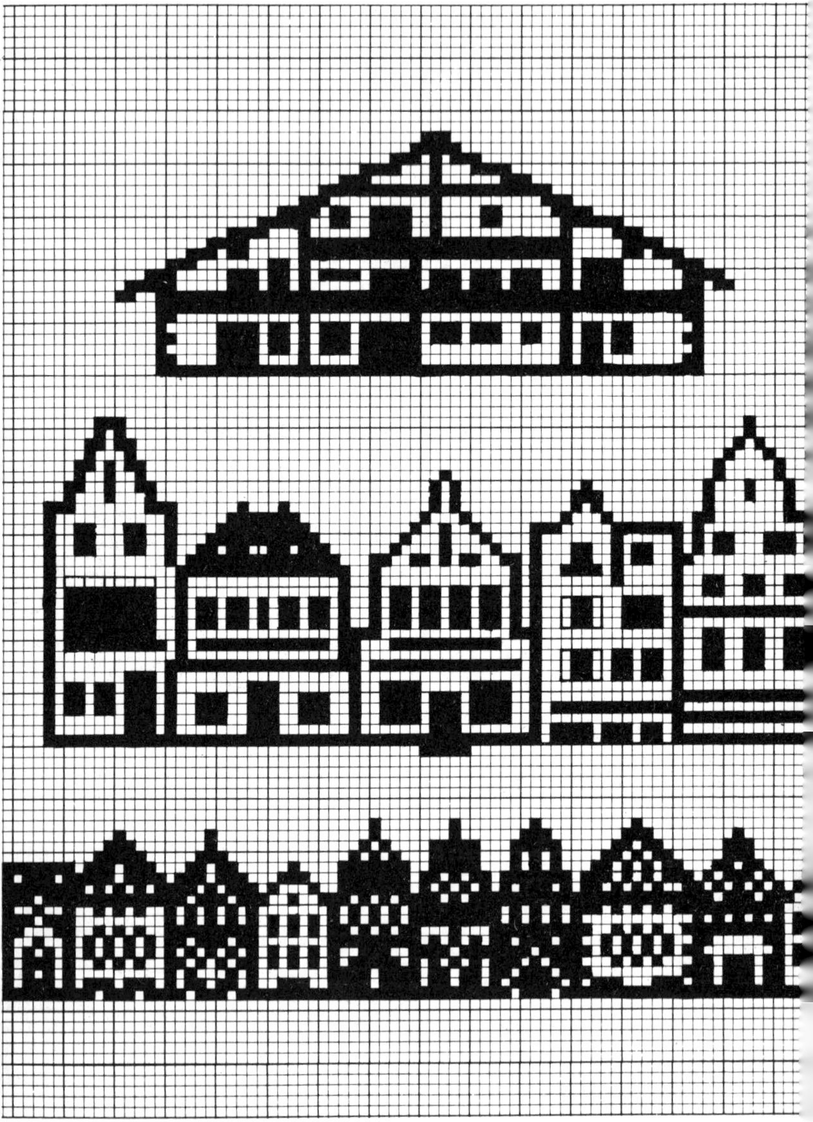

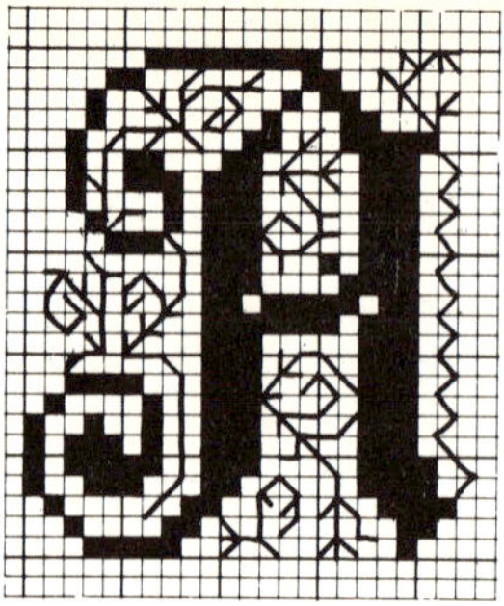

Alphabete und Monogramme

Der Vollständigkeit halber seien hier auch Alphabete und Monogramme erwähnt. Natürlich kann man auch Schriften und Monogramme selbst entwerfen. Ich werde es hier jedoch nicht erklären, denn ein Alphabet zu entwerfen, bei dem jeder Buchstabe zu den anderen 25 Buchstaben paßt, ist sehr schwer. Wenn ich einen Spruch oder ein Monogramm sticken will, so greife ich auf meine Sammlung alter, von Sticktüchern und Modelbüchern zusammengestellten Schriften zurück. Denn genau wie man nicht ein und dasselbe Motiv, auch wenn es noch so gelungen ist, für jede Art von Handarbeit verwenden kann, genausowenig gibt es eine Schrift, die zu allen Mustern und Motiven paßt.
Wenn Sie aus einem vorgegebenen Abc ein Wort zusammenstellen wollen, so müssen Sie darauf achten, daß der Abstand der einzelnen Buchstaben zueinander stimmt.
Einen Spruch graphisch schön zusammenzustellen, ist schon fast ein eigenständiger Entwurf. Und es ist weniger einfach, als es auf den ersten Blick erscheinen mag. Zuerst müssen Sie den Spruch als fortlaufendes Band auf das Kästchenpapier schreiben, auch dann, wenn Sie ihn in Zeilen arbeiten wollen. Das Band teilen Sie dann in gleiche - oder wenn der Spruch „springen soll" - unterschiedlich lange Abschnitte, die jeweils einer Zeile entsprechen. Dann ziehen Sie auf einem Bogen Karopapier eine Mittellinie

und übertragen die einzelnen Abschnitte - gleich Zeilen - so auf das Karopapier, daß der Mittelpunkt der Zeile auf der Mittellinie des Karobogens steht.

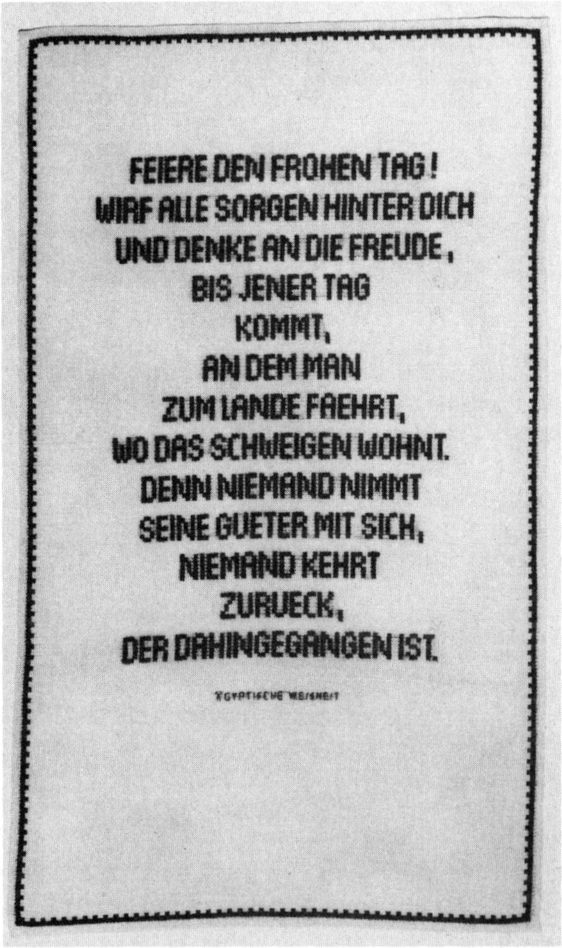

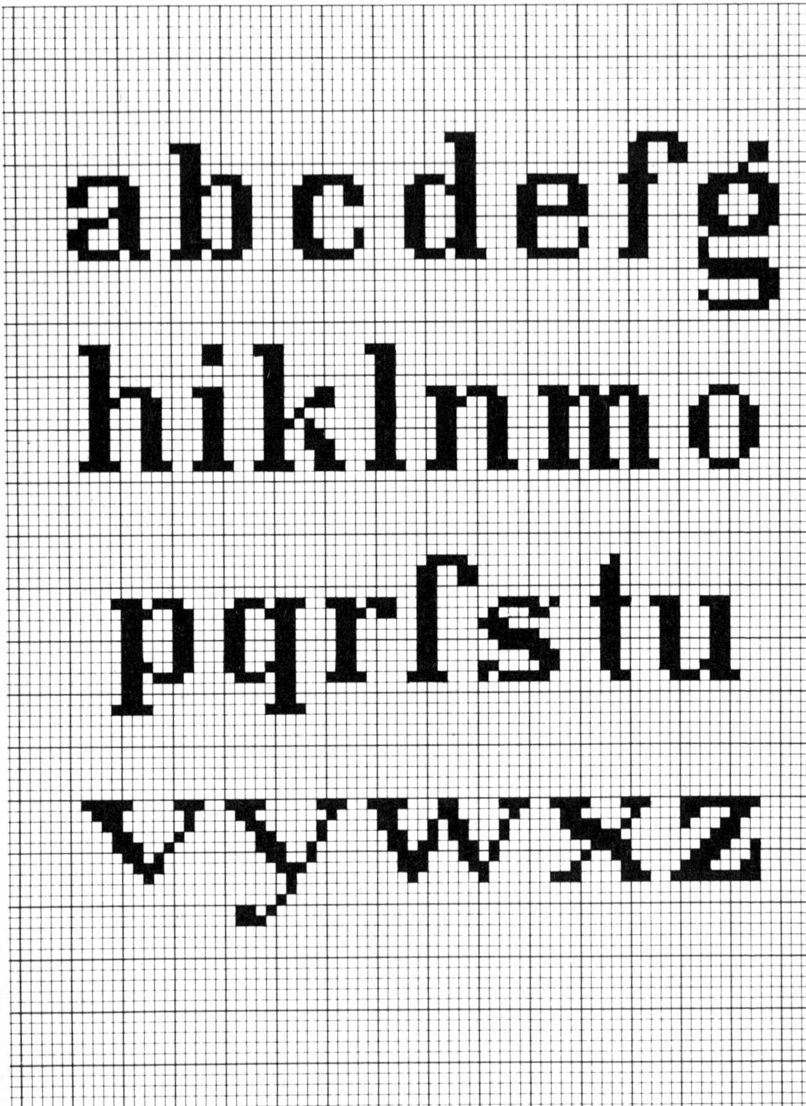
abcdefg
hiklnmo
pqrſstu
vywxz

Mustertücher

Wenn Sie in einer bestimmten Handarbeitstechnik noch nicht viel gearbeitet haben, so ist es eine gute Idee, ein Musterstück anzufertigen, bevor Sie sich an größere Arbeiten nach eigenen Entwürfen heranwagen. Einmal, um sich mit der Technik selbst vertraut zu machen, zum anderen aber auch, um Größe und Wirkung einzelner Motive besser beurteilen zu können, und schließlich, um verschiedene Farbkombinationen auszuprobieren.
Von den Kreuzstichmustertüchern und den Häkel- und Strickstreifen her ist uns diese Methode vertraut. Viele der alten Übungsstücke sind so schön, daß sie in Museen hängen und heute sogar als Vorlagen zum Nacharbeiten verkauft werden.
Übungsstücke für die in diesem Buch besprochenen Handarbeiten kennen wir allerdings nur für Kreuzsticharbeiten. Bei den vorstehend erwähnten Häkel- und Strickstreifen handelt es sich dagegen um Übungsstücke zum Erlernen verschiedener Häkel- und Stricktechniken. Übungsstücke allein für Filethäkeln und buntes Musterstricken gibt es meines Wissens nicht. Es ist natürlich möglich, sich auch für diese Techniken Musterstreifen oder

kleine Musterstücke mit verschiedenen Motiven zu erarbeiten. Das gleiche gilt für Knüpfarbeiten. Wenn es für diese Technik keine Musterstücke gibt, so liegt das wohl vor allem daran, daß das Knüpfen die zeitaufwendigste der hier aufgeführten Techniken ist; sicher aber auch daran, daß die Kinder das Knüpfen durch die Mithilfe an den Arbeiten ihrer Eltern gelernt haben. Hinzu kommt, daß die meist durch Generationen überlieferten Muster der Teppiche einen starken Symbolgehalt hatten und schon darum im allgemeinen nur relativ geringfügig abgeändert wurden.

Der Musterentwurf

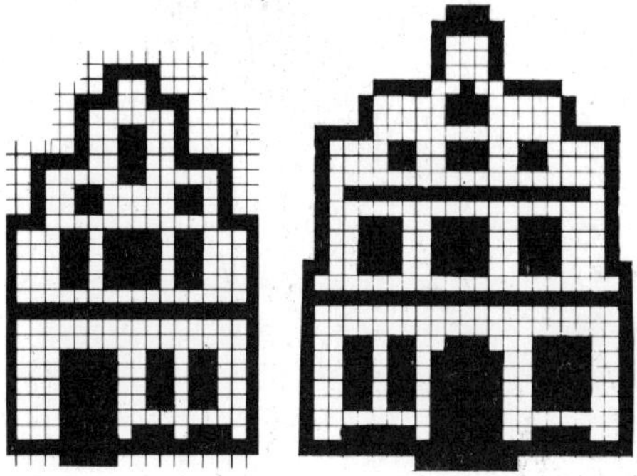

Die Schnippelmethode

Ornamente, figürliche Motive und schließlich Schrift: damit haben wir alle Elemente angesprochen, aus denen sich Muster – und das heißt hier Entwürfe für Handarbeiten – zusammensetzen lassen.
Aber wie setzt man die einzelnen Motive so zusammen, daß das Muster ein geschlossenes Bild ergibt? Auch hier gibt es Spielregeln, die auf den nächsten Seiten erläutert werden. Aber selbst wenn wir diese beherrschen, geht es wiederum nicht ohne Ausprobieren, ohne Spielen, ohne Verwerfen, Neumachen und Verändern.
Beim Motiventwurf haben wir das einzelne Karo auf dem Papier (den einzelnen Stich, das Filetquadrat, den Knoten oder die Masche) durch ein verschiebbares Quadrat ersetzt, womit wir spielen konnten. Hier – beim Musterentwurf – machen wir im Prinzip das gleiche. Anstelle der Quadrate, die wir jetzt nicht mehr brauchen, nehmen wir die bereits fertig entworfenen, auf Karopapier übertragenen Motive, von denen wir uns eine Samm-

lung angelegt haben. Aus dieser Sammlung suchen wir die Motive heraus, die wir für den Entwurf verwenden wollen, und schneiden sie genau den Außenkanten der ausgefüllten Kästchen folgend aus. Wollen wir das gleiche Motiv in einem Muster mehrmals verwenden, müssen wir es entsprechend oft zeichnen und ausschneiden.
Die einzelnen ausgeschnittenen Motivschnippel legen wir auf einen ganzen Bogen Kästchenpapier und schieben sie so lange hin und her, bis ein Gesamtbild entstanden ist, das unseren Vorstellungen entspricht.
Erst wenn wir ganz zufrieden mit dem Entwurf sind, kleben wir die Schnippel so auf den großen Bogen, daß der Karoraster auf den einzelnen Schnippeln mit dem Raster auf dem Untergrundbogen übereinstimmt. Wenn Sie sich bereits über die Farbgestaltung der Arbeit im klaren sind, können Sie jetzt mit dem Sticken, Häkeln, Stricken oder Knüpfen beginnen.
Sicherlich braucht alles ein wenig Übung. Aber wenn man die Grundprinzipien der Gestaltung einmal verstanden hat, dürfte es keine Schwierigkeiten mehr geben.
Sie sollten den Mut nicht sinken lassen, auch wenn die ersten Versuche mißlingen - es ist noch keine Meister vom Himmel gefallen.

Fensterbild, gehäkelt, weiß. E. M. L. 37 x 42 cm

Bildgeschichten

Am lustigsten und auch am leichtesten ist das Entwerfen von Bildern aus figürlichen Motiven. Lustig, weil wir uns während des Entwerfens und mit dem Entwurf eine Geschichte ausdenken können, eine Geschichte, die auch ein künftiger Betrachter der fertigen Handarbeit „lesen“ kann; leicht, weil es kaum Regeln gibt, weil wir sozusagen „drauflos erzählen“ können. Wir können die Motive frei - allerdings nicht wahllos - über die Fläche verteilen. Es wirkt besser, wenn Schwerpunkte vor allem im unteren und mittleren Teil des Bildes gebildet werden, während nach oben hin die Motive kleiner und seltener oder heller werden sollten. Wir können aber auch das Geschehen um ein zentrales Motiv gruppieren, wie zum Beispiel bei der Kirschernte Seite 93. Oder ein Motiv wird im Verhältnis zu den anderen überproportional groß dargestellt. Man kann die Geschichte auch von oben nach unten oder, wie der Entwurf auf Seite 64 zeigt, von unten nach oben erzählen. Diese Art der Motivfolge ist besonders für Geschichten mit zeitlicher Folge, wie für Familienchroniken, geeignet. Der Gesamteindruck, die Wirkung des Bildes aber wird von der Anordnung der Motive, vom Gesamtmuster bestimmt.

Wenn wir auf die oben erwähnte Regel achten, Schwerpunkte zu bilden und den Entwurf nach oben hin offener zu gestalten, können wir die Motive gruppieren, wie es uns gefällt, nur sollten wir zu viele leere Stellen vermeiden.
Für die Entwürfe auf den Seiten 88 und 94 sind jeweils die gleichen Motive verwendet worden, trotzdem ist der Gesamteindruck der beiden Bilder völlig verschieden.

Flächenmuster

Im Gegensatz zu Bildgeschichten, bei denen einzelne verschiedene - meist figürliche - Motive mit mehr oder weniger großem und wechselndem Abstand über eine als Hintergrund wirkende Fläche verteilt werden, bedeckt das Flächenmuster die ganze Fläche vollständig und gleichmäßig.
Ein Flächenmuster kann man schon aus ganz kleinen Ornamenten entwickeln. Hierzu muß man die kleinen Einzelmotive nicht nur waagerecht, wie bei einer Borte, sondern auch senkrecht übereinander wiederholen. In seiner einfachsten Form ist ein Flächenmuster damit nichts anderes als mehrere übereinander angeordnete Borten. So ist zum Beispiel das oben gezeigte Muster gebildet. Auf Seite 98 hingegen wurde die aus Sternen gebildete, einfache Borte jeweils in der darüber liegenden Reihe versetzt angeordnet. Da die beiden Sterne, aus denen die Borte gebildet ist, gleich groß sind und genau übereinanderstehen, kann man sie, wie auch die andere Borte, so beenden, daß die einzelnen Ornamente ganz, d. h. ungeteilt bleiben. Dies gilt auch für die Borten auf Seite 102.

Bei den auf Seite 103 gezeichneten Mustern dagegen sind die Motive ineinander verschachtelt. Hierdurch ergibt sich ein Muster ohne Anfang und ohne Ende. Flächenmuster dieser Art kann man jedoch „auslaufen“ lassen, d. h. über eine - gedachte - Begrenzungslinie hinaus werden angefangene Motive noch vervollständigt, neue jedoch nicht mehr angefangen, wie auf Seite 103 oben.
Kleine Flächen, die sich aus einfachen Borten entwickeln lassen, kann man direkt zeichnen. Sollen die einzelnen Ornamente jedoch ineinander verschachtelt werden, so ist es einfacher, die „Schnippelmethode“ anzuwenden. Man zeichnet die kleinen Ornamente, aus denen die Borte gebildet wird, mehrmals, schneidet sie aus und verschiebt sie so lange gegeneinander, bis einem das Muster gefällt.
Flächenmuster kann man auch wie Sterne entwickeln. Als Mittelpunkt nimmt man hierfür am besten einen größeren, schweren Stern und ordnet andere Sterne kreisförmig oder in 4 oder 8 Segmenten darum herum. Auf Seite 105 sind unter dem Gesamtmuster die einzelnen Sterne gezeichnet, aus denen das Muster entwickelt worden ist.

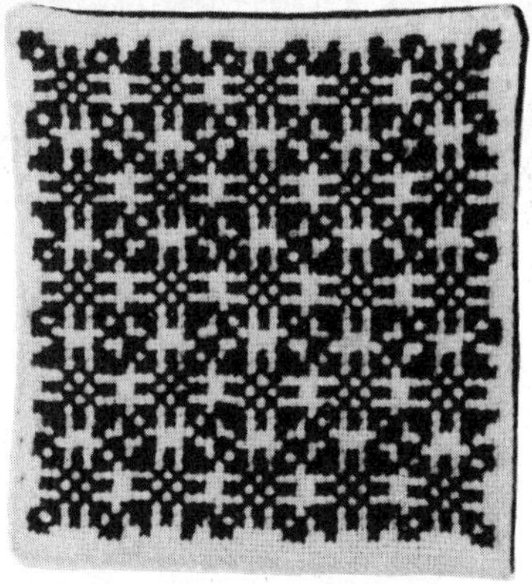

Wie die Flächen aus kleinen Elementen können auch die strahlenförmig nach außen hin entwickelten Flächen jederzeit abgebrochen werden. Ein strahlenförmig oder sich kreisförmig fortsetzendes Muster kann auch quadratisch beendet werden, wie das Beispiel auf Seite 104 zeigt. Flächenmuster, die wie Sterne gebildet sind, eignen sich besonders gut als Mittelpunktornamente für quadratische Arbeitsstücke wie Kissen, Tablettdeckchen u. ä. (siehe z. B. Seiten 25 und 119, 120, 121). Wie das Beispiel von Seite 96 zeigt, können sie aber auch über eine Gesamtfläche fortgesetzt werden.

Es gibt noch eine dritte Art, eine Fläche vollständig mit einem Muster zu bedecken. Hierzu wird ein Gitterkreuz aus einer einfachen Borte über die Fläche gelegt, die einzelnen, durch das Gittermuster gebildeten Kästchen werden dann mit gleichen, ähnlichen oder aber auch völlig verschiedenen Ornamenten ausgefüllt (siehe Seite 123).

Bei den Flächen auf den Seiten 107–109 wurden als Gitterkreuze Ranken verwendet. Auf Seite 107 wurden sie mit gleichen, auf Seite 108/109 mit verschiedenen Ornamenten ausgeschmückt. Einen ähnlichen Effekt erzielt man, wenn man ein sternförmig

gebildetes Flächenornament quadratisch beendet und unmittelbar anschließend ein neues gleiches oder anders gemustertes, immer aber gleich großes Flächenmuster anschließt, wie das der Deckenausschnitt auf Seite 96 zeigt.
Wenn Sie ein kompaktes Flächenmuster sticken wollen setzt das eine gehörige Portion Geduld voraus.
Beim Knüpfen, Häkeln oder Stricken dagegen hat das Muster keinen so großen Einfluß auf die Arbeitsgeschwindigkeit.

Knüpfteppich, Smyrnawolle 4 Knoten auf 1 cm², weiß, grün, ocker.
J. Lissau, Stuttgart, 100 x 210 cm

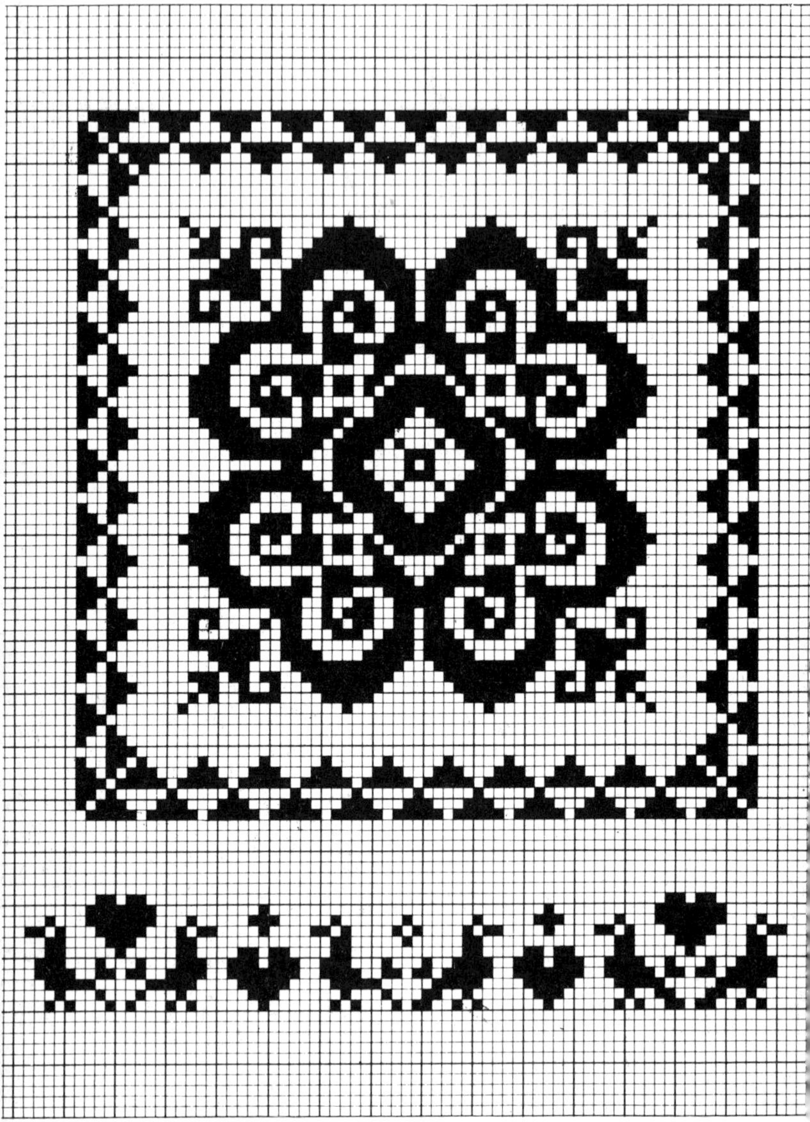

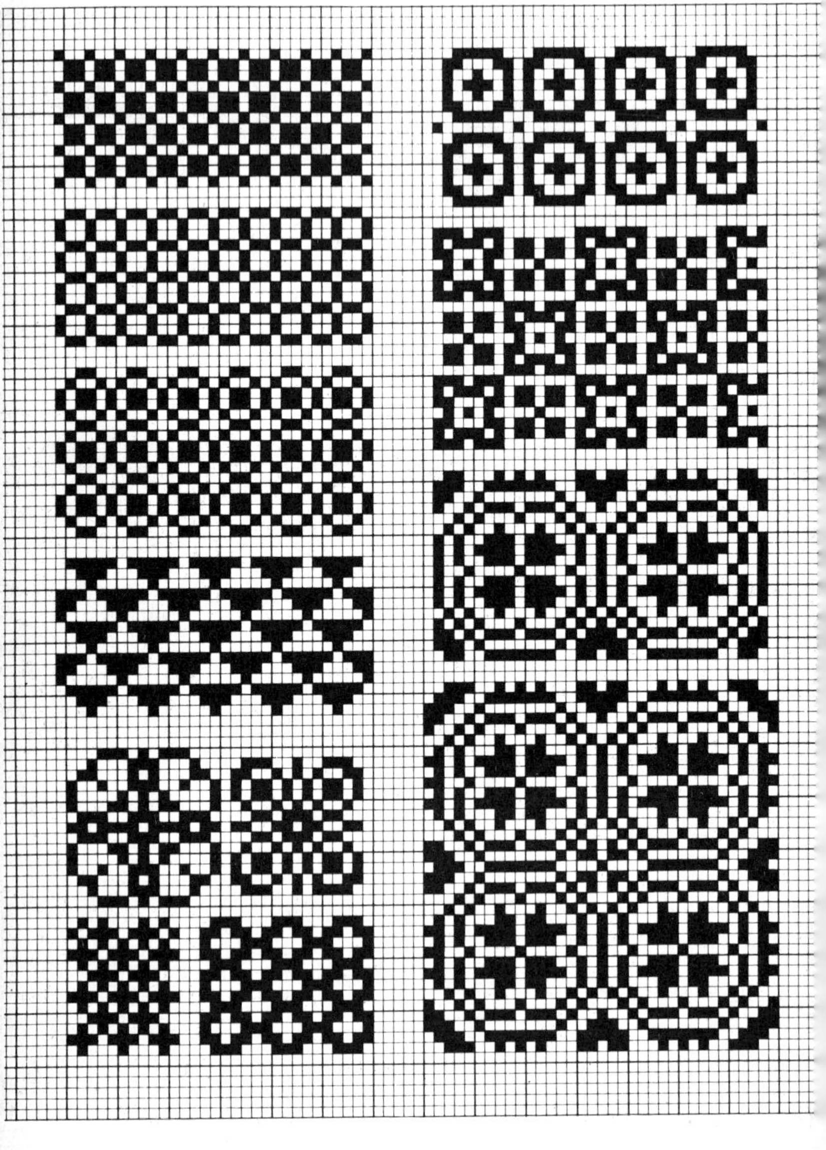

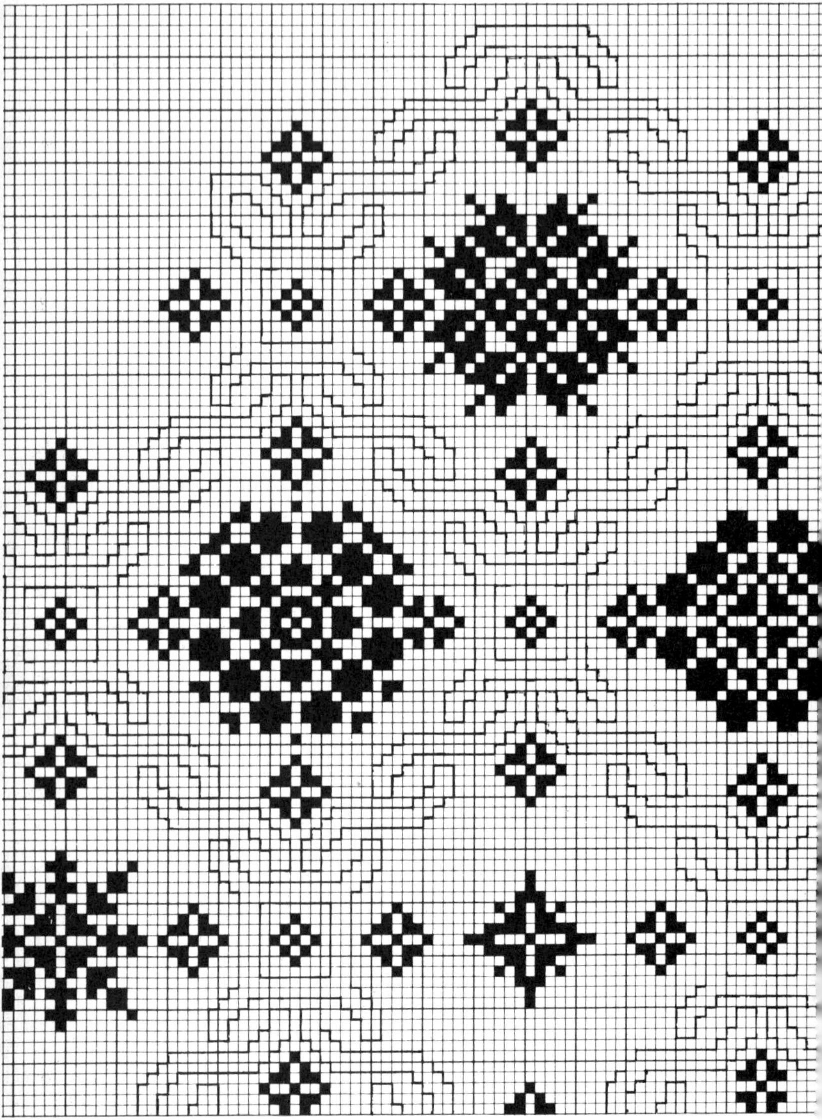

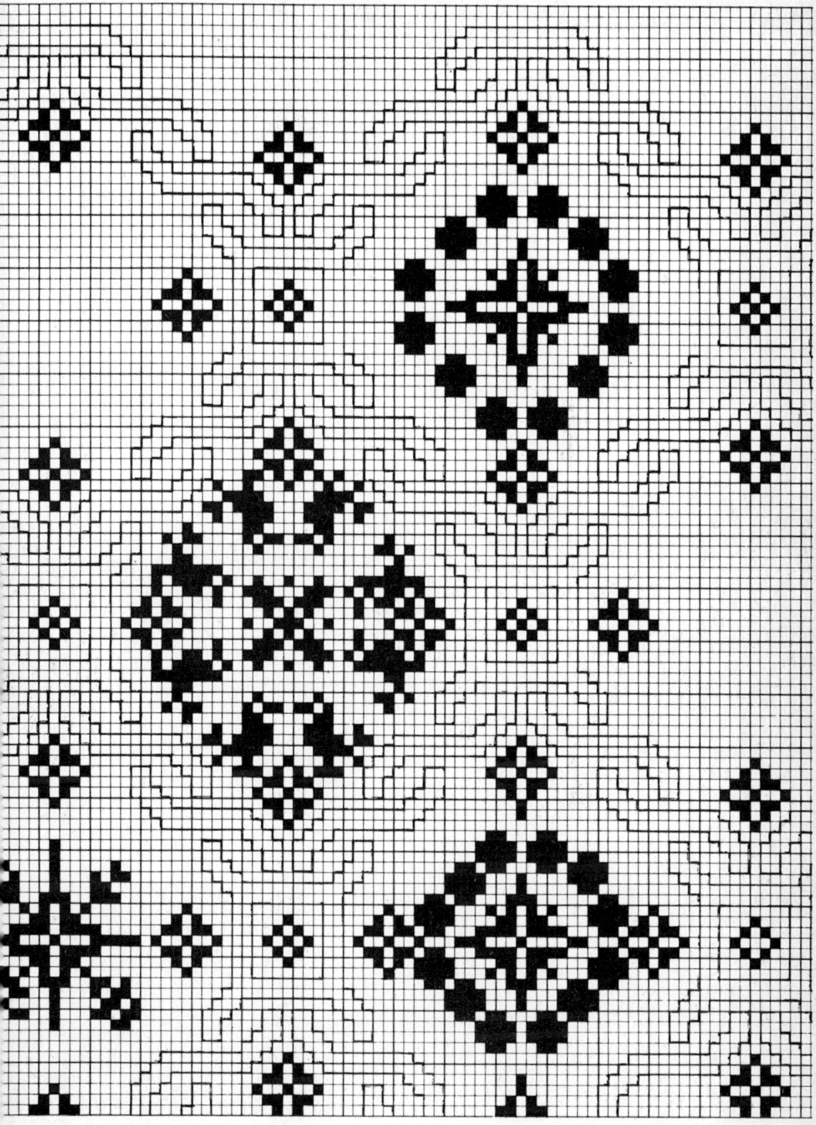

DIE ERDE BRAUCHT REGEN
DIE WELT BRAUCHT DAS LICHT
UND DER HIMMEL DIE STERNE
WENN DIE NACHT HEREIN BRICHT
DER VOGEL BRAUCHT AESTE
UM SEIN NESTCHEN ZU BAUN
UND DER MENSCH BRAUCHT EIN HERZE
DEM ER SEIN'S KANN VERTRAUN
UND HAT ER'S GEFUNDEN
EI, SO KANN ER SICH FREUN
DENN ES KANN JA OHNE LIEBE
KEIN MENSCH GLÜCKLICH SEIN

Lebensbäume und Spruchbilder

Ein Muster ganz besonderer Art ist der Lebensbaum. Die Lebensdauer eines Baumes ist im Vergleich zu der anderer Lebewesen ungleich größer. Der Baum symbolisiert daher in der Volkskunst schon seit jeher große Lebensfreude, Wachstum und Lebenskraft.

In vielen Darstellungen wächst der Lebensbaum aus einem Herzen und wird von einer großen, nach oben geöffneten Blume gekrönt. Zwei kleine Vögel sitzen zu beiden Seiten des Herzens. Selbst bei diesem Muster, bei dem die Hauptmotive und ihr Standort vorgegeben sind, gibt es Tausende von Variationsmöglichkeiten, wie zum Beispiel den lustigen Vogelbaum (Seite 113), den rein ornamentalen Baum mit vielen Blumen, Blüten und leuchtenden Sternen (Seite 114) oder auch den ganz strengen, großflächig gegliederten (Seite 115).

Auf Spruchbildern können alle Elemente des Entwurfs, Ornamente, figürliche Motive und Schrift, miteinander kombiniert werden. Hier steht der Spruch, das Zitat oder die kleine Geschichte im Zentrum des Bildes, die illustrierenden oder schmückenden Motive werden darum herum gruppiert (siehe auch Seite 110).

Eine ebenso schöne Gesamtwirkung erzielt man, wenn man eine Bildgeschichte oder ein ornamentales Mittelmotiv mit einem Spruch oder vielleicht rein persönlichen Lebensdaten als Borte einfaßt, wenn der Text also nicht die Hauptsache, sondern nur schmückendes Beiwerk ist.

In der Anlage des Gesamtentwurfs stehen der Lebensbaum und das Spruchbild zwischen Bildgeschichte und Flächenornament. Während die Anordnung der einzelnen Motive bei der Bildgeschichte beliebig ist, ist sie beim Flächenmuster streng symmetrisch (in der Waagerechten und der Senkrechten). Beim Lebensbaum und beim Spruchbild sind wir in der Gestaltung nach oben und unten, d. h. in der Senkrechten, frei, in der Waagerechten müssen wir aber symmetrisch bleiben, das heißt, das Bild muß rechts und links von der Mittellinie gleich sein.

FÜR DICH

Decke, Kreuzstich auf Leinen, Moosgrün auf Rostrot. E.M.L., 34 x 78 cm

Raumaufteilung

Die Aufteilung, die Anordnung des oder der Motive auf der Fläche ist für den Gesamteindruck einer Handarbeit mindestens genauso wichtig, wenn nicht sogar wichtiger als das einzelne Motiv.
Bei einer gegebenen Fläche kann man entweder den Rand oder die Mitte betonen. Die Breite des Randes - der Borte - ist Geschmackssache. Will man die Mitte frei lassen, so sollte die freie Fläche mindestens doppelt so groß bleiben wie die Breite der Borte und sollte in ihrer Form der Form der Gesamtfläche entsprechen. Will man die Mitte betonen, so sollten Form und Größe des Mittelmotivs sich der Gesamtfläche angleichen. Runde Flächen sollten runde Mittelpunkte, quadratische quadratische Muster und ovale Flächen auch ovale Muster erhalten. Ein rundes oder quadratisches Mittelmotiv kann man für eine längliche Arbeit nur dann verwenden, wenn man es mehrmals wiederholt.
Eine Ausnahme bildet nur die quadratische Fläche, die auch ein rundes, jedoch kein längliches Mittelmotiv haben kann.
Wenn ein Ornament nicht die ganze Fläche ausfüllt, so stimmt es fast immer, wenn man die Breite des Ornaments, des Mittelmotivs, auch als Abstand zum Rand annimmt.
Bei Gebrauchsgegenständen gibt es eine Regel, die man in jedem Falle beachten sollte: Der Raum muß so aufgeteilt werden, daß der sichtbare Teil der Arbeit optisch schön ist. So ist zum Beispiel das schönste Mittelmotiv auf einer Kaffeedecke immer an der falschen Stelle, weil es voraussichtlich von der Kaffeekanne oder dem Kuchenteller teilweise bedeckt wird. Darum ist eine schöne

Randborte für eine Kaffeedecke meines Erachtens immer vorzuziehen.
Bei Bekleidungsstücken muß man nicht nur den Schnitt, sondern auch die Anatomie berücksichtigen. Ein Muster sollte nicht halb von den Armen verdeckt werden, eine Borte über der Brust sollte ihr in der Breite in etwa entsprechen.

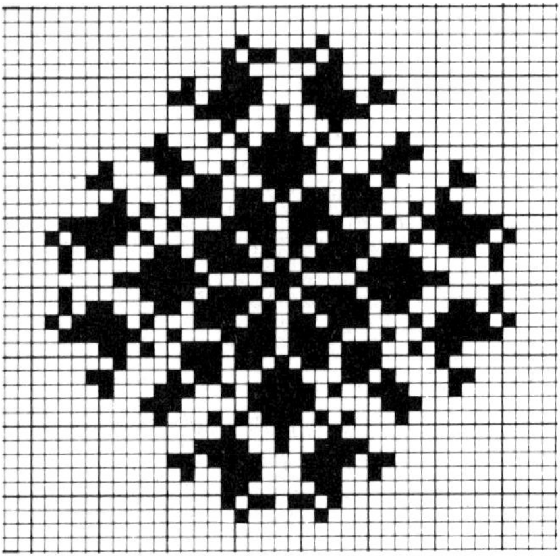

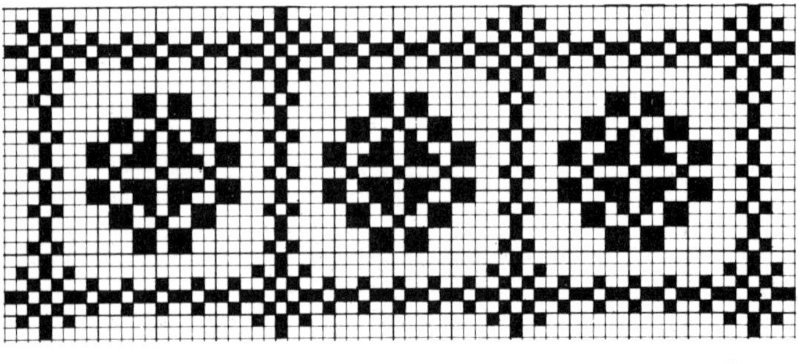

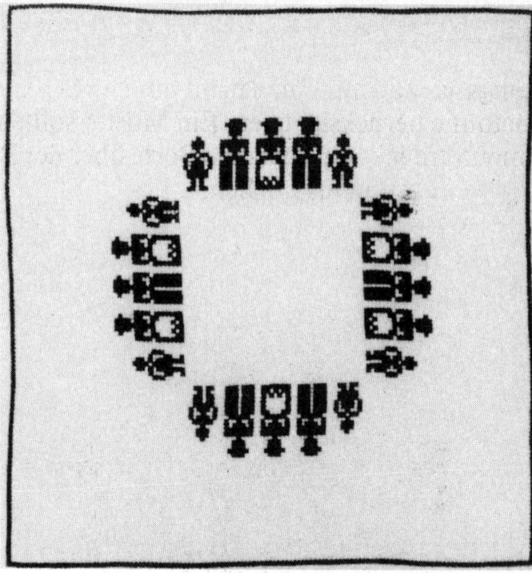

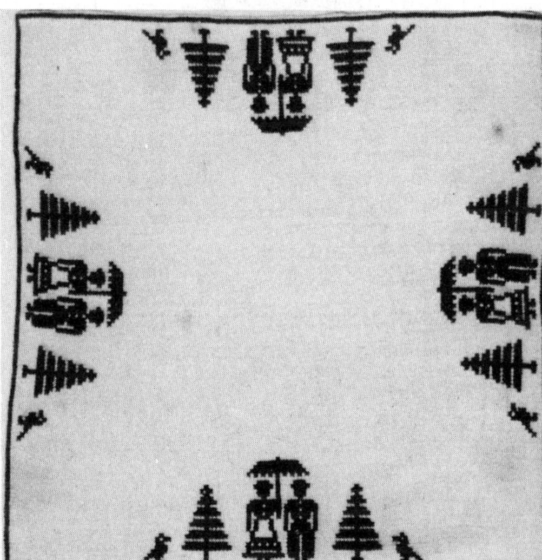

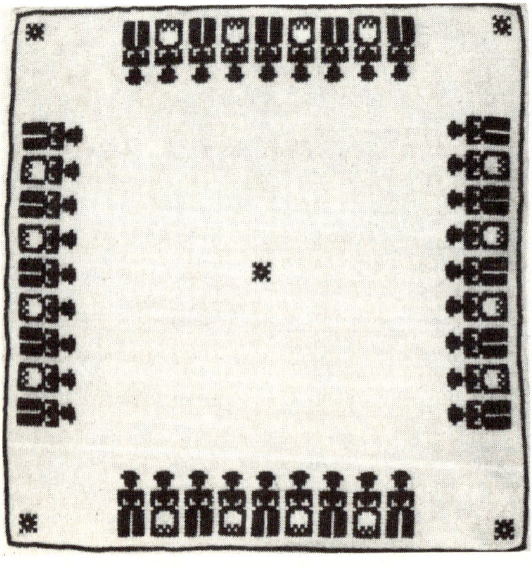

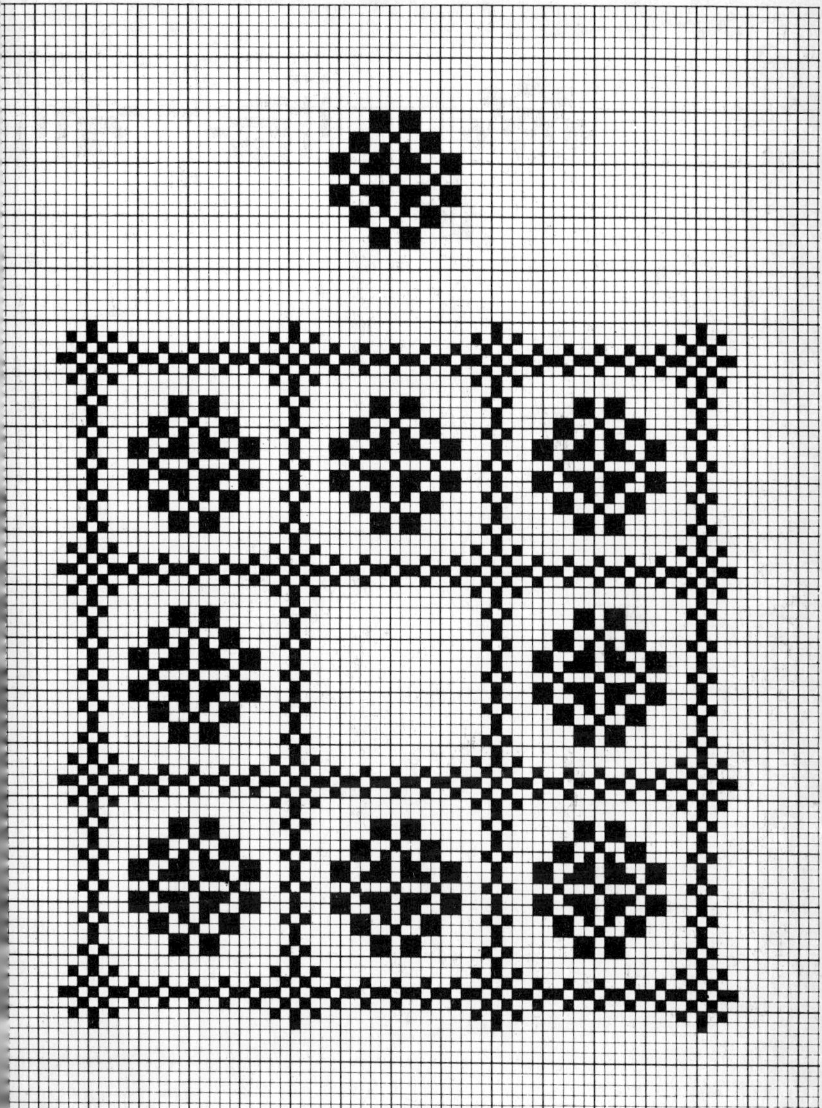

Ein Muster, vier Arbeitstechniken

Jeder Entwurf, dessen Motive aus kleinen Quadraten entwickelt wurden, kann für alle eingangs erwähnten Techniken gleichermaßen verwendet werden. Es versteht sich eigentlich von selbst, daß der Entwurf nicht nur auf das Werkstück, für das er verwendet werden soll, sondern auch auf die Technik, in der er gearbeitet werden soll, abgestimmt werden muß.
Als Knüpfarbeit ist das Muster von Seite 124 sehr dominierend, als Stuhlkissen gut; für Flächenmuster in Teppichen sind Muster mit kleinerem Rapport besser geeignet.
Da die Übergänge zwischen Muster und Hintergrund durch das Spiel des Flors immer fließend sind, sollten bei Entwürfen für Knüpfarbeiten möglichst keine einzelnen, allseits von anderen umgebenen Quadrate offen bleiben, damit das Muster nicht verschwimmt. Bei den stilisierten Herzen des Ornaments habe ich daher die Mittelkreuze weggelassen. Bei dem Lebensbaum auf Seite 115 wurden zur Erläuterung auf der rechten Seite einige Kästchen mehr geschwärzt; so würde ich das Muster knüpfen; aufgelockert, wie es auf der linken Seite erscheint, ist es für die anderen Techniken dagegen schöner.
Das Muster ist auch für jede Strickarbeit geeignet, z. B. für einen Handschuh, weil die klare geometrische Form ruhig und kräftig wirkt. Als Filetarbeit könnte man das Muster für eine Bettdecke verwenden. Für eine Gardine ist ein so streng geometrisches Muster nicht geeignet, dafür würde es zu langweilig wirken. Auch als Kreuzsticharbeit könnte das Flächenornament angelegt werden. Ich würde nur das Mittelmotiv des Musters mehrmals nebeneinander für einen Läufer verwenden, vor allem darum, weil bei Kreuzsticharbeiten der Hintergrund als Fläche zur Geltung gebracht und nicht vollständig bedeckt werden sollte. Will man den Stoff ganz übersticken, ist Gobelin die materialgerechtere Arbeitstechnik.
Es empfiehlt sich daher, daß Sie sich ein kleines Muster in der von Ihnen gewählten Technik und dem entsprechenden Motiv anfertigen, dann wird sich zeigen, ob Technik und Motiv harmonieren.

Farbgestaltung

Mit unseren Augen nehmen wir Farben und Formen als Einheit wahr. Das schönste Muster kann durch eine schlechte oder ungünstige Farbwahl verdorben werden. Nicht ohne Grund habe ich die Farbgestaltung bisher nicht erwähnt. Denn umgekehrt gilt auch, daß die schönste Farbkombination nichts nutzt, wenn das Muster nicht stimmt. Zuerst muß ein Muster in sich geschlossen sein, muß auf der Fläche „stehen“, dann erst können wir uns die farbliche Gestaltung überlegen.
Jeder Entwurf besteht zumindest aus zwei Farben, dem Motiv oder Muster und dem Hintergrund. Bei unseren Entwürfen steht das schwarz gezeichnete Motiv oder Muster auf dem weißen Papier. Schwärzen wir dagegen den Hintergrund und sparen das Muster aus, so erhalten wir, wie oben dargestellt, ein Abbild im Negativ. Wollen wir diesen Effekt in einer Arbeit erzielen, so brauchen wir den Entwurf natürlich nicht extra umzuzeichnen. Wir wählen einfach für das Muster eine helle und für den Hintergrund eine dunkle Farbe. Ein helles Muster auf dunklem Grund wird immer kleiner, zarter wirken, ein dunkles Muster auf hellem Grund immer schwerer, dominierender.
Zweifarbige Muster können sehr schön sein. Hier kommt die Graphik, der Charakter des Entwurfs am klarsten zum Ausdruck. Es spricht also nichts dagegen, so wie gezeichnet wurde auch zu arbeiten.
Beim Häkeln ist der offene Gittergrund, die „Luft“, die zweite

Farbe. Bei der Kreuzstichstickerei ist der Stoffgrund eine der beiden Farben; beim Knüpfen und Stricken kombinieren wir zwei Wollfarben. Je stärker das Muster betont werden soll, desto größer sollte der Kontrast zwischen den beiden Farben sein. Wir können zwei kräftige, leuchtende Farben miteinander kombinieren (wie z. B. Rot und Grün oder Blau und Weiß). Zwei verschiedene dunkle Farbtöne zusammen, z. B. Flaschengrün und Erdbraun, wirken dagegen trist, die Kombination von zwei hellen Farben, z. B. Rosa und Himmelblau, blaß und langweilig. Wir können aber auch in einem Farbton arbeiten, z. B. Beige mit Dunkelbraun oder Hell- mit Dunkelblau kombinieren. Eine sehr dezente Gesamtwirkung erhalten wir, wenn wir die beiden Farben im selben Farbton, nur in einer etwas geringfügig anderen Schattierung wählen.
Für Knüpfarbeiten, bei denen die Übergänge fließend erscheinen, ist eine solche Farbkombination allerdings weniger geeignet.
Bei mehrfarbigen Entwürfen besteht eigentlich nur eine Gefahr: sie können leicht zu bunt werden, d. h. das Auge nimmt den Gesamteindruck nicht mehr wahr, weil es durch viele einzelne bunte Motive - durch Details - abgelenkt wird.
Das heißt aber nicht, daß wir eine Arbeit nicht farbenfroh gestalten können. Wir können alle Farben der Farbskala in einem Entwurf verwenden, vorausgesetzt, wir geben dem Auge Fixpunkte, Orientierungshilfen.
Bei einem mehrfarbigen Einzelmotiv sollte sich jede der Einzelfarben gleich stark vom Hintergrund abheben. Oder das ganze Motiv muß von einer Linie - in Kontrastfarbe zum Hintergrund - begrenzt werden.
Auch mit Farben kann und muß man spielen. Anders als beim Malen, wo wir die Farben selbst mischen können, sind wir beim Handarbeiten auf das Farbangebot in Wolle, Garn und Stoff angewiesen. Treffen Sie Ihre Farbwahl darum erst, wenn Sie die angebotenen Wollen, Stoffe und Garne gesehen haben. Obwohl das Angebot besonders bei Wolle sehr reichhaltig ist, so ist es doch oft wie verhext - wenn man etwas Bestimmtes sucht, wird es gerade nicht angeboten.

Für dieses Buch kann es eigentlich keinen Schlußsatz geben. Wenn man die Spielregeln kennengelernt hat, wenn man die Möglichkeiten kennt, die einem offenstehen, dann fängt das Spiel ja erst richtig an. Mir bleibt nur, Ihnen viel Freude beim Entwerfen und bei der späteren Ausführung der Handarbeit zu wünschen. Wenn Sie daran denken, daß Entwerfen ein Spiel und keine Arbeit ist, daß es nicht Anstrengung, sondern Spaß ist, der zu den schönsten Ergebnissen führt, und wenn Sie Ihrer Phantasie freien Lauf lassen, dann müssen Ihre Entwürfe gelingen!